Schafft alle Steuern ab!

Volker Simon Haymann

Schafft alle Steuern ab!

Der Obolus als Alternative:
Entwurf eines einfachen,
gerechten Abgabensystems

Volker Simon Haymann
Andernach, Deutschland

ISBN 978-3-658-36642-1   ISBN 978-3-658-36643-8 (eBook)
https://doi.org/10.1007/978-3-658-36643-8

Die Deutsche Nationalbibliothek verzeichnet diese Publikation in der Deutschen Nationalbibliografie; detaillierte bibliografische Daten sind im Internet über http://dnb.d-nb.de abrufbar.

Springer
© Der/die Herausgeber bzw. der/die Autor(en), exklusiv lizenziert an Springer Fachmedien Wiesbaden GmbH, ein Teil von Springer Nature 2022
Das Werk einschließlich aller seiner Teile ist urheberrechtlich geschützt. Jede Verwertung, die nicht ausdrücklich vom Urheberrechtsgesetz zugelassen ist, bedarf der vorherigen Zustimmung des Verlags. Das gilt insbesondere für Vervielfältigungen, Bearbeitungen, Übersetzungen, Mikroverfilmungen und die Einspeicherung und Verarbeitung in elektronischen Systemen.
Die Wiedergabe von allgemein beschreibenden Bezeichnungen, Marken, Unternehmensnamen etc. in diesem Werk bedeutet nicht, dass diese frei durch jedermann benutzt werden dürfen. Die Berechtigung zur Benutzung unterliegt, auch ohne gesonderten Hinweis hierzu, den Regeln des Markenrechts. Die Rechte des jeweiligen Zeicheninhabers sind zu beachten.
Der Verlag, die Autoren und die Herausgeber gehen davon aus, dass die Angaben und Informationen in diesem Werk zum Zeitpunkt der Veröffentlichung vollständig und korrekt sind. Weder der Verlag, noch die Autoren oder die Herausgeber übernehmen, ausdrücklich oder implizit, Gewähr für den Inhalt des Werkes, etwaige Fehler oder Äußerungen. Der Verlag bleibt im Hinblick auf geografische Zuordnungen und Gebietsbezeichnungen in veröffentlichten Karten und Institutionsadressen neutral.

Einbandabbildung: © Ion Popa/stock.adobe.com

Planung/Lektorat: Irene Buttkus
Springer ist ein Imprint der eingetragenen Gesellschaft Springer Fachmedien Wiesbaden GmbH und ist ein Teil von Springer Nature.
Die Anschrift der Gesellschaft ist: Abraham-Lincoln-Str. 46, 65189 Wiesbaden, Germany

Vorwort

Während meiner langjährigen Tätigkeit als selbstständiger Steuerberater kannte ich im Kontext mit unseren Steuern im Wesentlichen die beiden folgenden Aufgabenstellungen:

- Wie vermeide ich eine Steuer?

Wenn dies nicht möglich war:

- Wie minimiere ich eine Steuer?

Auf diesen Blickwinkel hatte ich mein Berufsleben ausgerichtet. Mir lag es während meiner Berufsausübung fern, die Frage nach dem Sinn der jeweils zu bearbeitenden Steuer zu stellen. Der aktuell zur Beurteilung anstehende Steuerfall war eine Tatsache, der ich mich zu stellen und die ich möglichst geldbeutelschonend zum Vorteil meiner Mandanten zu lösen hatte. Die Stellung der Sinnfrage hätte in diesem Zusammenhang weder dem Mandanten noch mir in irgendeiner Weise weitergeholfen.

Doch nachdem ich meine steuerliche Beratungstätigkeit eingestellt hatte, verschob sich dieser Blickwinkel völlig. Nun musste ich im Zusammenhang mit dem Thema Steuern nicht mehr erfolgsorientiert zum Wohl der Mandantschaft denken, sondern konnte losgelöst von solchen Vorgaben meine persönlichen Gedanken zum Thema *Steuern und Abgaben* und insbesondere zum zentralen Punkt *Gerechtigkeit* entwickeln. Je mehr ich mich dem Thema näherte und je tiefer ich mich mit den Grundzügen unseres deutschen Steuerrechts beschäftigte, desto bewusster wurde mir, welch unerklärliche Ungerechtigkeiten es dem Bürger zumutet. Ebenso deutlich traten auch verschiedene unsinnig scheinende Regelungen hervor, deren Lektüre bei vielen Menschen verständnisloses Kopfschütteln auslösen würde. Diese Unzulänglichkeiten sind in diesem Buch dokumentiert und haben mich dazu bewogen, unser deutsches Steuerrecht derart umkrempeln zu wollen, dass kein Stein mehr auf dem anderen bleibt. Meines Erachtens kann nur ein solch radikaler Schnitt das heutzutage vorhandene Steuerchaos beseitigen. Das Ergebnis meiner Überlegungen und die Grundzüge meiner Vorstellungen von einem funktionierenden Steuersystem halten Sie mit diesem Buch in Ihren Händen.

Den Schwerpunkt meiner Reflexionen über eine grundlegende Umgestaltung unseres deutschen Steuerrechts bilden die Kernelemente *Gerechtigkeit, Einfachheit* und *Verständlichkeit.* Diese m. E. unverzichtbaren Eckpfeiler des Steuerrechts sind dem Steuergesetzgeber im Laufe der Jahre offenbar weitestgehend abhandengekommen. Es wird niemand ernsthaft behaupten wollen, dass die deutschen Steuergesetze stets gerecht, einfach und verständlich sind. Aber dorthin möchte ich sie wieder führen! Mit der Abschaffung sämtlicher heute geltenden Steuern und der Einführung einer einzigen Abgabe, die sich nicht am Gewinn oder Einkommen, sondern nur an den Einnahmen orientiert, komme ich dem von mir angestrebten Ziel zumindest sehr nahe.

Ich möchte künftig nicht mehr hinnehmen, dass global agierende Unternehmen hier im Inland große Gewinne erwirtschaften und unbehelligt von unserem Fiskus mit diesem Geld in Steueroasen oder andere günstige Gefilde verschwinden. Auch widerstrebt es mir, dass täglich hart arbeitende Menschen höhere Steuern zahlen müssen als diejenigen, die ihr Geld für sich arbeiten lassen. Ich habe auch kein Verständnis dafür, dass unsere Politiker scheinbar achselzuckend hinnehmen, dass jährlich Milliardenbeträge an Umsatzsteuer hinterzogen werden, nur weil das Umsatzsteuergesetz in Verbindung mit dem Vorsteuerabzug Möglichkeiten dafür eröffnet.

Diese und andere Mängel möchte ich mit der Idee von der Einführung des Obolus beseitigen. Begrüßen wir also den Obolus – folgen Sie mir dazu bitte Schritt für Schritt in eine völlig neue Steuerdimension, die von Gerechtigkeit, Einfachheit und Verständlichkeit geprägt ist. Es wäre wundervoll, wenn dieses Buch dazu beitragen könnte, dass der für die Steuergesetzgebung zuständige Personenkreis sich einmal ernsthaft mit diesem Thema auseinandersetzt. Ich bin der felsenfesten Überzeugung, dass ich vielen Bürgern, die rat- und machtlos unserem heutigen Steuersystem gegenüberstehen, aus der Tiefe ihrer Herzen spreche und wünsche Ihnen eine anregende Lektüre.

Andernach, Deutschland　　　　　　Volker Simon Haymann
Januar 2022

Inhaltsverzeichnis

1 Einführung............................. 1
2 Unzulänglichkeiten des aktuellen Steuerrechts..... 11
3 Halbteilungsgrundsatz.................. 27
4 Grundsätzliches zum Obolus............... 31
5 Obolusklassen........................ 41
6 Oboluspflicht......................... 51
7 Spenden............................. 63
8 Kindergeld........................... 67
9 Oboluserklärung....................... 71
10 Oboluspflichtige Einnahmen.............. 77
11 Ort der Einnahme...................... 89
12 Zeitpunkt der Einnahme................. 99
13 Einnahmenbescheinigung für Oboluszwecke – EBOZ............................. 101
14 Dialog mit der Finanzverwaltung........... 107
15 Verluste............................. 113
16 Landes- und Gemeindesteuern............. 115

17	Auswirkungen auf das Preisniveau 119
18	Einkommens- und Verdienstnachweise 123
19	Beispielrechnungen 127
20	Zusammenfassung 141

Literatur und sonstige Quellen 147

Über den Autor

Volker Simon Haymann Der 1952 geborene Volker Simon Haymann lebt seit seiner Geburt in Andernach am Rhein, im nördlichen Rheinland-Pfalz. Bereits im Alter von 24 Jahren gründete er dort als Steuerbevollmächtigter eine Steuerberatungskanzlei, die später auch den Bereich der Wirtschaftsprüfung abdeckte. Als Steuerberater und vereidigter Buchprüfer war er über 30 Jahre als geschäftsführender Gesellschafter auf dem Gebiet der Steuerberatung und Wirtschaftsprüfung tätig. Über viele Jahre hinweg fungierte Volker Simon Haymann als aktives Mitglied im *Prüfungsausschuss für Wirtschaftsprüfer und vereidigte Buchprüfer der Länder Hessen, Rheinland-Pfalz und des Saarlandes*. Im Jahr 1997 war der

Autor Gründungsgesellschafter der *Akademie Deutsches Steuerrecht GmbH*, an der er anschließend als Dozent für Steuerrecht unterrichtete. Nach Beendigung seiner selbstständigen Beratungstätigkeit studierte Volker Simon Haymann Rechtswissenschaften.

1

Einführung

Zusammenfassung Ein historischer Abriss zeigt auf, wie sich das deutsche Steuerrecht von einem einfachen, verständlichen Verfahren, dem Zehnten, zu einem kaum noch beherrschbaren, undurchschaubaren Bürokratieungetüm entwickelt hat. Nachdem zuerst die Daseinsberechtigung für die heute existierenden Bagatellsteuern in Frage gestellt wird, geraten auch die Schwergewichte unter unseren Steuern wie beispielsweise die Einkommen- oder Umsatzsteuer unter Beschuss. Dies führt zu dem revolutionären Vorschlag, alle bestehenden Steuern abzuschaffen und durch eine einzige Steuer zu ersetzen, die unter der Bezeichnung „Obolus" das Licht der Steuerwelt erblicken soll.

„Früher war alles besser!" – diese Aussage ist blanker Unfug, bis auf eine einzige, bedeutende Ausnahme: Unser deutsches Steuerrecht!

Sie werden es womöglich nicht glauben, aber es gab tatsächlich Zeiten, in denen unser Steuerrecht gleichermaßen einfach wie gerecht war. Das ist jedoch sehr, sehr lange her.

Werfen wir bitte einen Blick zurück in die Jahrhunderte, in denen der Bauer seinem Lehnsherrn den *Zehnten* abliefern musste. Das war für beide Seiten eine leicht zu handhabende Besteuerung. Der Lehnsherr und seine Berater mussten sich keine komplizierten Steuergesetze ausdenken und der Bauer war nicht auf die Hilfe eines Steuerberaters angewiesen, sondern konnte seine Steuer mühelos selbst ermitteln. Da standen nach der Ernte in seiner Scheune zehn Säcke voller Weizen, soweit konnte er zählen. Einen Sack lieferte er bei seinem Lehnsherrn ab und die Steuerveranlagung war damit abgeschlossen (sofern natürlich der Lehnsherr seine Macht nicht missbrauchte, aber hier geht es nur um das Prinzip). Eine Steuererklärung war nicht erforderlich, und eine solch ärgerliche Einrichtung wie das Finanzamt war überflüssig. Dieses Besteuerungssystem war ebenso genial wie einfach. Die von *Friedrich Merz* dereinst ins Leben gerufene *Bierdeckelsteuer*[1] wäre dagegen ein bürokratischer Wust geworden.

Wie konnte es dazu kommen, dass dieses ursprünglich perfekte Steuersystem dort endete, wo wir heute stehen? Ein unverständliches, unkalkulierbares Bürokratiemonster, das Heerscharen von Finanzbeamten und Steuerberatern in Atem hält, die Finanzgerichte bis zur Halskrause beschäftigt und für die Steuerpflichtigen ein gigantisches Fragezeichen aufwirft.

Der *Zehnte* war eine Erscheinung des Frühmittelalters. Im 12. und 13. Jahrhundert traten dann auch Steuern, die in Geld zu leisten waren, hinzu. Begründet wurden diese Leistungen in der Regel damit, dass der Lehnsherr dem

---

[1] Der CDU-Politiker Friedrich Merz hatte 2003 mit dem Ziel der Entbürokratisierung ein einfaches, leicht verständliches Einkommensteuerkonzept mit drei Steuerstufen entworfen. Seinen Angaben zufolge sollte damit jeder Bürger seine Einkommensteuer auf einem Bierdeckel berechnen können, siehe auch https://www.steuererklaerung-verstehen.de/steuerpolitik/steuerreformen/beispiele-steuerreformvorschlaege/bierdeckel-reform/. Zugegriffen am 16.02.2022.

1 Einführung

Steuerpflichtigen Schutz gewährte. Diese Abgaben ergänzte man in der Folgezeit durch besondere Steuern. Solche Steuern wurden bei außerordentlichen Ereignissen, wie beispielsweise Krieg oder Katastrophen, neben den üblichen Steuern erhoben. Dies waren dann aber tatsächlich zeitlich befristete Abgaben, die nach dem Wegfall des Grundes meist auch wieder von der Bildfläche verschwanden. Im Zusammenhang mit einer solchen zeitlichen Befristung fällt mir natürlich sofort die Schaumweinsteuer ein, auch Sektsteuer genannt, die im Jahr 1902 vom Reichstag zur Finanzierung der Kriegsflotte eingeführt wurde und uns bis heute erhalten blieb. Es kommt mir auch der Solidaritätszuschlag in den Sinn, der 1991 ursprünglich für ein Jahr befristet ins Leben gerufen wurde und uns nunmehr seit 30 Jahren ein treuer Begleiter ist.

Im Zeitraffer: Im Laufe der Jahrhunderte wuchsen natürlich die Aufgaben, die von der, nennen wir es einfach einmal *Öffentlichen Hand*, zu erfüllen waren. Dies nahm man immer wieder gerne zum Anlass für eine zusätzliche Aufgabe, die der Staat an sich zog, um eine neue Steuer einzuführen. Und hierin liegt meines Erachtens der Kern allen Übels. Man hätte ja auch darüber nachdenken können, eine bereits bestehende Steuer oder Abgabe zu erhöhen. Nein, stattdessen wurde eine zusätzliche Steuer ins Leben gerufen. Hätte man damals zum Beispiel keine Schaumweinsteuer eingeführt, sondern einfach die Einkommensteuer um einen Prozentpunkt erhöht, wäre fiskalisch vermutlich das gleiche Ergebnis zustande gekommen, aber es gäbe heute *eine* Steuer und demzufolge auch *ein* Steuergesetz weniger. Und so wurden im Laufe der Jahre immer wieder neue Steuern aus dem fiskalischen Ärmel gezaubert, die uns bis heute erhalten blieben, die wir aber keinesfalls liebgewonnen haben.

Während ich diese Zeilen verfasse, lese ich im *Tagesspiegel* vom 07.04.2021 (Jahberg 2021), dass unsere Landwirtschaftsministerin eine Ergänzungsabgabe auf die Einkommensteuer, also eine Art *Tierwohlsoli* anregt. Dies ist genau der Punkt, der mir meine wenigen Haare zu Berge stehen lässt! Wir haben doch bereits einen Solidaritätszuschlag. Anstatt, dass man sich Gedanken darüber macht, diesen bereits bestehenden Solidaritätszuschlag entsprechend zu modifizieren, wird eine völlig neue Abgabe in Erwägung gezogen. Für eine solche Herangehensweise kann ich keinen einzigen vernünftigen Grund erkennen. Hier wird nach dem Prinzip verfahren: Warum denn einfach, wenn es auch kompliziert geht? Mit einer solchen Handlungsweise wird meines Erachtens ein beeindruckendes Maß an Einfallslosigkeit, gepaart mit einem fehlenden Gespür für ein gut funktionierendes Steuersystem, zur Schau gestellt.

Die Fantasie der Regierenden kennt bei der Kreation neuer Steuern und Abgaben keine Grenzen. Ich würde mir wünschen, dass sie diese Fantasie auch bei der Abschaffung von Steuern oder zumindest bei der Einsparung von Ausgaben entwickeln könnten. In diesem Zusammenhang muss ich unwillkürlich an die Veröffentlichungen des Bundesrechnungshofes in Bezug auf die jährlichen unseligen Verschwendungen mühsam erarbeiteter Steuergelder in Milliardenhöhe denken.

Natürlich wurden auch Steuern eingeführt, mit denen man nur einen bestimmten Personenkreis belasten wollte oder um wirtschaftliche oder gesellschaftliche Entwicklungen in eine besondere Richtung zu lenken. Dies ließe sich jedoch, wie Sie später erfahren werden, auch anders lösen.

Das Ergebnis dieser Entwicklung ist der vor uns liegende Berg von undurchschaubaren Steuergesetzen, der sich mittlerweile zu einem schier unbezwingbaren Massiv aufgetürmt hat. Wir dürfen auch nicht die kaum zu überblickende Menge von Richtlinien, Durchführungsverordnungen und Anwendungserlassen vergessen.

Wäre es nicht wundervoll, wenn wir dieses Massiv sprengen und unser derzeitiges Steuersystem wieder zurück an seine Wurzeln führen könnten? Lassen Sie uns doch bitte wieder, im übertragenen Sinn, zum Zehnten zurückkehren!

Unmöglich!

Das wäre wohl die erste Reaktion von den dafür zuständigen Politikern und dem Heer von Personen, die sich ihr ganzes Leben lang mit dem Thema *Steuern* beschäftigt haben. Wahrscheinlich würden sie Personen, die solche Forderungen ernsthaft an sie herantrügen, als praxisfremde, ahnungslose Spinner abschmettern. Ich würde dann zweifelsfrei zu diesen Spinnern gehören, denn ich behaupte, es funktioniert! Wenn das Prädikat *Spinner* in diesem Zusammenhang überhaupt zu vergeben wäre, dann wohl eher für die Bürokraten, die uns das heute geltende, unüberschaubare Steuerrecht, das mit Ungerechtigkeiten überladen ist und im Grunde nicht mehr beherrschbar erscheint, beschert haben. Mag sein, dass der Eine oder der Andere über meinen gedanklichen Ansatz lächelt. Damit kann ich gut leben. Das ist mir immer noch lieber, als eine chaotische Steuergesetzgebung, die dem Bürger die Tränen in die Augen treibt.

Eine Bemerkung am Rande:

> Zwischen Spinner und Visionär liegen oft nur ein oder zwei winzige Schritte.

Glauben Sie mir bitte, liebe Leser; wenn ich das Wort *Steuer* in den Mund nehme, weiß ich, wovon ich rede. Als Steuerberater, vereidigter Buchprüfer und Dozent für deutsches Steuerrecht habe ich mich jahrzehntelang durch den deutschen Steuerdschungel schlagen müssen. Ich kann Ihnen versichern: Es war nicht einfach! Immer wieder wurde ich mit sogenannten Steuerreformen (in der Regel waren es nur Reförmchen) und angeblichen Vereinfachungsregelungen konfrontiert, die letztlich alle dazu führten, dass der „Bürokratiebauch" sich weiter aufblähte, die Gerechtigkeit zunehmend auf der Strecke blieb und das deutsche Steuerrecht unberechenbar geworden ist.

In der Vergangenheit gab es eine stattliche Anzahl von Bagatellsteuern, die erfreulicherweise im Laufe der Zeit über Bord geworfen wurden. Eine lesenswerte, informative Abhandlung darüber findet sich in dem Werk *Von der Aufruhrsteuer bis zum Zehnten* (Sahm 2018). Wenn man die Menge der noch immer existierenden sogenannten Bagatellsteuern einmal durchforstet, wird man recht häufig auch hier deren Sinnfrage stellen müssen. Hier ein paar Beispiele:

Biersteuer

Man kann über die wohltuenden Eigenschaften oder die mögliche Schädlichkeit dieses Getränkes durchaus geteilter Meinung sein. Das gilt allerdings auch für stark zuckerhaltige Limonadengetränke. Also: Warum keine Limonadensteuer?

Schenkung-/Erbschaftsteuer

Was bitte unterscheidet in seiner Auswirkung eine Schenkung oder eine Erbschaft von einem Lotteriegewinn? In beiden Fällen geht Vermögen (Sach- oder Finanzvermögen) auf den Empfänger über. Der erbende Enkel, der seine Oma jahrelang fürsorglich gepflegt hat, wird zur Kasse gebeten und der Lotteriegewinner, der lediglich einen Zettel ausgefüllt hat, wird verschont. Unter diesem Gesichtspunkt wäre eine Lotteriegewinnsteuer schon eine überlegenswerte Einrichtung.

1 Einführung

Hundesteuer
Die am Rande des Existenzminimums lebende Rentnerin muss für ihr Hündchen, das ihr Ein und Alles bedeutet, Hundesteuer entrichten. Diese Hundesteuer wurde übrigens im Jahre 1810 in Preußen als eine *Luxussteuer* eingeführt.

Unter dem Aspekt *Luxus* fände ich es in dem Zusammenhang folgerichtig und zudem in hohem Maße gerecht, wenn ein Dressurreiter für seinen megateuren Edelrappen eine Pferdesteuer zahlen müsste. Bei diesem Beispiel drängt sich natürlich der Gedanke auf, dass die Mandatsträger, die direkt oder indirekt Einfluss auf die Steuergesetzgebung ausüben, einem wohlhabenden Pferdebesitzer vermutlich näherstehen als einer mittellosen Rentnerin.

Kaffeesteuer
Für das anregende Getränk wird eine Steuer erhoben. In dem Zusammenhang drängt sich natürlich die Frage nach der Erhebung einer Teesteuer auf. Eine solche Steuer gab es tatsächlich. Die Teesteuer gehört zu den seltenen Spezies der abgeschafften Steuern. Seit dem 1. Januar 1993 gehört diese Steuer, die übrigens aufgrund eines Kaffee- und Teesteuergesetzes erhoben worden war, der Vergangenheit an. Warum man nicht in einem Abwasch die Kaffeesteuer ebenfalls einstampfte, bleibt eines der großen Rätsel in der Historie deutscher Steuergesetzgebung.

Feuerschutzsteuer
Ja, so etwas gibt es wirklich! Gegenstand dieser Steuer ist die Entgegennahme von Versicherungsentgelten aus Feuerversicherungen. Warum erhebt man nicht noch eine Hochwasserschutzsteuer?

Schaumweinsteuer

Diese Steuer hatte ich bereits zu Beginn dieses Buches erwähnt. Zwischen Schaumwein und Wein ist ja kein gewaltiger Unterschied. Also: Lasst uns eine Weinsteuer einführen!

Vergnügungssteuer

Gemeinden können für Tanzveranstaltungen oder Kinovorführungen eine Steuer festsetzen. Die Stadt Köln hat aber auch zum Beispiel für Swinger- und Stripteaseclubs eine Sexsteuer ins Leben gerufen. Fußballspiele bereiten einem Millionenpublikum Vergnügen. Sollten wir nicht vielleicht eine Fußballsteuer ins Auge fassen?

Ich stelle mir folgende Fragen:

- Gibt es auch nur einen einzigen vernünftigen Grund, der die Berechtigung für alle unsere unzähligen verschiedenen Steuern liefert?
  Nein!
- Brauchen wir wirklich eine Feuerschutzsteuer, eine Spielbankabgabe oder Kaffeesteuer sowie Jagd- und Fischereisteuer?
  Nein!

Mein Appell: Ab in die Tonne mit diesem bürokratischen Exzess und alle anderen Steuern hinterher! Ja, Sie lesen richtig. Alle! Auch die angeblich ach so wichtigen Abgaben wie Einkommensteuer, Umsatzsteuer, Gewerbesteuer etc. Schaffen wir bitte alle Steuern ab und beginnen wir bei null. Es gibt zukünftig nur noch eine einzige Steuer. Diese Steuer orientiert sich fast ausschließlich an den Einnahmen eines Steuerpflichtigen. Für steuerliche Zwecke verabschieden wir uns von Bezugsgrößen wie Gewinn, Verlust,

1 Einführung

Überschuss oder Ergebnis. Wir nehmen als einzige Bemessungsgrundlage die jeweiligen Einnahmen. Diese sind beispielsweise:

- Umsatz (bei Unternehmen)
- Gehalt/Lohn (bei Arbeitnehmern)
- Mieten (bei Grundstückseigentümern)
- Zinsen/Dividenden
- Lotteriegewinne
- Grundstücksverkäufe
- Renten

In Zukunft spielen der Gewinn oder der Überschuss im Rahmen der Besteuerung, mit ganz wenigen Ausnahmen, grundsätzlich keine Rolle mehr. Wir richten uns für steuerliche Zwecke fast ausnahmslos nach den Einnahmen. Auch solche einkommensteuerlichen Instrumente wie beispielsweise Sonderausgaben, außergewöhnliche Belastungen oder haushaltsnahe Dienstleistungen gehören der Vergangenheit an.

Bevor wir uns nun der neuen und zukünftig auch einzigen Steuer zuwenden, sollte deren Bezeichnung geklärt werden. Auf den ersten Blick böte sich wegen ihres Alleinstellungsmerkmales die Bezeichnung *Die Steuer* an. Man könnte auch an den Begriff *Einnahmenabgabe* denken. Da ich allerdings einen grundlegenden Neuanfang starten möchte und Ausdrücke wie Steuer oder Abgabe doch sehr negativ belegt sind, tendiere ich eher zu der Bezeichnung *Obolus*. Ich finde, diese Benennung kommt erfrischend unverbraucht daher. Lassen Sie uns also ganz herzlich den Obolus begrüßen!

2

Unzulänglichkeiten des aktuellen Steuerrechts

Zusammenfassung Dem deutschen Fiskus gehen jährlich Milliarden an hinterzogener Umsatzsteuer verloren, doch scheinen die Politiker dies achselzuckend zu dulden. Zum anderen ergaben sich unsägliche Steuerverluste aufgrund von Cum-Ex- und Cum-Cum Geschäften. Außerdem mutet die Steuergesetzgebung den Steuerpflichtigen eklatante Ungerechtigkeiten zu. Neben den steuerlichen Betrachtungen zeigt ein Exkurs zum Aktienmarkt, dass die Kriterien für eine Aufnahme in den *DAX* zu hinterfragen sind.

Sie werden sicherlich fragen: Wie soll denn die Sache mit diesem Obolus funktionieren?

Bevor ich mich der Beantwortung dieser durchaus berechtigten Frage zuwende, erlauben Sie mir bitte eine Gegenfrage: Wie funktioniert denn unser heutiges Steuersystem? Oder provokant gefragt: Funktioniert es überhaupt?

Umsatzsteuer
Nehmen wir zum Beispiel einmal unsere Umsatzsteuer und in diesem Zusammenhang den Vorsteuerabzug. Der Vorsteuerabzug ist m. E. für jeden potenziellen Steuerhinterzieher eine freundliche Einladung, sich mit fingierten Rechnungen auf Kosten des Staates und somit der Allgemeinheit, die Taschen vollzustopfen. Derart abenteuerliche, kriminelle Gestaltungen wie beispielsweise das sogenannte Umsatzsteuer-Karussell[1] führen dazu, dass dem Fiskus jährlich Milliardenbeträge verloren gehen. Um einem Missbrauch des Vorsteuerabzugs entgegenzuwirken, beschäftigt die Finanzverwaltung eine stattliche Anzahl von Umsatzsteuer-Sonderprüfern, die allerdings dem in vielen Bereichen bandenmäßig betriebenen Betrug (Bender et al. 2019; im *Handelsblatt* vom 07.05.2019) weitestgehend machtlos gegenüberstehen.

Um die Tricksereien und Betrügereien innerhalb der Umsatzsteuer besser verfolgen und die handelnden Personen feststellen zu können, wurden die folgenden Datenbanken eingerichtet:

- ZAUBER (Zentrale Datenbank zur Speicherung und Auswertung von Umsatzsteuerbetrugsfällen und Entwicklung von Risikoprofilen),

---

[1] Stark vereinfacht ausgedrückt versteht man unter einem Karussellgeschäft einen in vielen Ländern der EU anzutreffenden Umsatzsteuerbetrug: Verschiedene Unternehmen interagieren in verschiedenen Mitgliedsstaaten der EU und bilden eine Lieferkette, innerhalb deren Umsatzsteuer zu zahlen ist und der Vorsteuerabzug in Anspruch genommen wird. Einer der Händler führt die vom Abnehmer geleistete Umsatzsteuer nicht an das Finanzamt ab. Der Abnehmer macht seinerseits allerdings den Vorsteuerabzug geltend. Dieser vereinfacht skizzierte Ablauf wurde im Laufe vieler Jahre mehr und mehr verkompliziert und modifiziert. Die Finanzverwaltung hat trotz der zitierten Datenbanken nur sehr geringe Chancen, diese undurchsichtigen, verschlungenen Lieferketten zu verfolgen und zu entwirren.

2 Unzulänglichkeiten des aktuellen Steuerrechts

- EUROFISC (Europäisches Netzwerk zur Bekämpfung des Umsatzsteuerbetrugs),
- USLO (Umsatzsteuer-Länder-Online),
- LUNA (Länderübergreifende Namensauskunft),
- KUSS (Koordinierungsstelle von Umsatzsteuer-Sonderprüfungen und Steuerfahndungsprüfungen).

Trotz dieser Datenbanken, die beeindruckende Namen tragen, und trotz des immensen Prüfungsaufwandes, der von der Finanzverwaltung betrieben wird, beeindrucken die Ergebnisse nicht wirklich. Das Umsatzsteuer-Karussell dreht sich munter weiter.[2]

Nebenbei bemerkt: Die Bezeichnung *Mehrwertsteuer*, die in diesem Zusammenhang häufig Verwendung findet, wird von mir nicht benutzt. Dies hat einen ganz einfachen Grund. Den Begriff *Mehrwertsteuer* werden Sie im Umsatzsteuergesetz nicht finden.

Die Umsatzsteuer ist ein bürokratisches Monster. Dieses Regelungsungetüm entstand nur aus einem einzigen Grund: Man war und ist bestrebt, die verführerischen

---

[2] Im Zusammenhang mit dem Umsatzsteuer-Karussell und dem damit verbundenen Begriff *Lieferkette* weise ich aus aktuellem Anlass auf das ab dem 01.01.2023 geltende *Gesetz über die unternehmerischen Sorgfaltspflichten* in Lieferketten (LkSG) hin. Diese Vorschrift richtet sich allerdings im Wesentlichen an das produzierende Gewerbe. Die Lieferkette soll alle Handlungen erfassen, die von der Herstellung eines Produktes betroffen sind. Hierunter fallen jedoch nur Unternehmen, die mehr als 2000 Beschäftigte (ab 2024: 1000 Beschäftigte) haben. Bei der Lieferkette i. S. des Umsatzsteuerkarussells geht es jedoch um Warenbewegungen (teilweise auch nur fingierte), die sehr häufig von Händlern mit wenigen Mitarbeitern getätigt werden. Innerhalb der umsatzsteuerlichen Lieferkette haben wir z. B. den Buffer, unter Umständen ein „Ein-Mann-Betrieb", dessen Aufgabe lediglich darin besteht, Warenbewegungen zu verschleiern, oder den Missing Trader, bei dem es sich sehr oft nur um eine Briefkastenfirma handelt. Ein solch kriminelles, international operierendes Geflecht kann man mit einem LkSG, das übrigens nur für inländische Unternehmen gilt, nur wenig beeindrucken. Ich gehe deshalb davon aus, dass das LkSG die vergnügliche Karussellfahrt nicht nennenswert beeinträchtigen wird.

Möglichkeiten, die der Vorsteuerabzug bietet, irgendwie einzudämmen und den Betrug zu erschweren.

Doch angesichts der Tatsache, dass die Umsatzsteuer vollkommen aus dem Ruder gelaufen ist und nicht mehr beherrschbar erscheint, kann die Schlussfolgerung m. E. nur deren Abschaffung bedeuten.

Das Instrument des Vorsteuerabzuges basiert auf einer zu Beginn des vergangenen Jahrhunderts von *Carl Friedrich von Siemens* konzipierten Idee (Montfort 2021). Gegen diesen ursprünglich genialen Grundgedanken ist prinzipiell nichts einzuwenden. Er funktioniert allerdings nur im Garten Eden. Man muss einfach der Realität ins Auge blicken und zur Kenntnis nehmen, dass der Vorsteuerabzug bei Personen, die einem Strafgesetzbuch keine besondere Bedeutung beimessen, Begehrlichkeiten weckt, und sie zu fantasievollen Gestaltungen inspiriert. Wenn der Staat keine wirksamen Mittel hiergegen entwickeln kann, und das ist unbestritten der Fall, dann muss er sich von einem solchen Gesetz zwangsläufig verabschieden.

In meinem persönlichen Sprachgebrauch benutze ich bereits seit vielen Jahren nicht mehr das Wort Umsatzsteuergesetz. Stattdessen verwende ich die Bezeichnung: „*Gebrauchsanleitung für Steuerhinterzieher und solche, die es gerne werden möchten*".

Wenn Sie einmal viel Zeit haben, das schlechte Wetter zu keinen Aktivitäten verleitet und das Fernsehen Ihnen nur *Die Feuerzangenbowle* anbietet, schauen Sie bitte einfach einmal unverbindlich in den § 3a des Umsatzsteuergesetzes, z. B. bei www.gesetze-im-internet.de. Dort ist der *Ort der sonstigen Leistung* definiert. Beziehungsweise: Es handelt sich um den Versuch einer Definition. Falls Sie es schaffen, die Vorschrift vollständig zu lesen und nicht schon vorzeitig kopfschüttelnd schlappmachen und anschließend von sich behaupten, Sie hätten dies verstanden, dann sind Sie ent-

2 Unzulänglichkeiten des aktuellen Steuerrechts

weder ein Genie oder Sie leiden unter Größenwahn. Wenn ich während meiner beruflichen Tätigkeit mich mit dieser Vorschrift zwangsläufig befassen musste, habe ich meine Berufswahl zum Steuerberater verflucht.

Das heutige Umsatzsteuergesetz hat aufgrund seiner Kompliziertheit und dem damit einhergehenden immensen bürokratischen Aufwand, sowohl für den Unternehmer als auch für die Finanzverwaltung, verbunden mit einer eklatanten Anfälligkeit für Steuermissbrauch, keine Daseinsberechtigung.

Nun wird ein Aufschrei durch die Reihen derer gehen, die nach wie vor zu den Befürwortern dieses obskuren Umsatzsteuersystems sind. Man wird mir möglicherweise vorwerfen, den Rechtsrahmen der EU, in den wir eingebunden sind, zu missachten. Dies tue ich aber keineswegs. Mir ist durchaus bewusst, dass die Bundesrepublik Deutschland nicht einseitig ihr Steuersystem umstellen kann, in dem u. a. die Umsatzsteuer abgeschafft wird. Den Kritikern muss ich jedoch entgegenhalten, dass der Umsatzsteuerbetrug kein rein deutsches, sondern ein europäisches Problem ist. Umsatzsteuer-Karusselle drehen sich fröhlich auch in Frankreich, Belgien und Luxemburg. Der jährliche Schaden beläuft sich europaweit auf etwa 50 Mrd. Euro (Bender et al. 2019; im *Handelsblatt* vom 07.05.2019). Also müsste es doch im Interesse aller Mitgliedsstaaten sein, hier Abhilfe zu schaffen. Und wie die Vergangenheit eindrucksvoll unter Beweis gestellt hat, war man dazu bisher nicht einmal ansatzweise in der Lage. An dieser Stelle muss ich das einmal in dieser Deutlichkeit manifestieren:

> Ich empfinde es als eine bodenlose Frechheit seitens der verantwortlichen Politiker, dass Steuerhinterziehungen in dieser Größenordnung scheinbar achselzuckend hingenommen werden. Diese Politiker würden mit Sicherheit wesentlich sensibler reagieren, wenn es um ihr eigenes Geld ginge. Es

ist ein Gebot des Anstandes und des verantwortungsvollen Handelns, mit den sauer verdienten Steuergroschen hart arbeitender Bürger seriös umzugehen. Nach meinem Empfinden erfüllen diesen Anspruch in diesem Punkt weder unsere deutschen noch unsere europäischen Politiker. 50 Milliarden jährlich! Stellen Sie sich bitte einmal vor, wie viele Menschen man damit vor dem Hungertod bewahren oder wie viele Kindergärten man mit diesem Geld bauen könnte. Und zwar jährlich!

Dieser eklatante Missstand muss m. E. zwangsläufig zur Folge haben, dass die Abschaffung der Umsatzsteuer auf die Tagesordnung der Institution, die für den Erlass von EU-Rechtsvorschriften zuständig ist, gehört: *Das Europäische Parlament*. Und zwar möglichst schnell!

Zudem erlauben Sie mir bitte an dieser Stelle eine weitere persönliche Anmerkung:

Die EU bietet bereits seit geraumer Zeit ein trauriges Erscheinungsbild. Es ist eine unwiderlegbare Tatsache, dass schon seit vielen Jahren nicht mehr an einem Strang gezogen wird (siehe u. a. die Diskussionen um die Flüchtlingsfrage oder das Corona-Paket). Mit wenigen Ausnahmen sind die Mitgliedsstaaten nur bestrebt, die Vorteile aus der Gemeinschaft zu nutzen und die Nachteile den anderen zu überlassen. Ich bin der festen Überzeugung, dass die EU in ihrer jetzigen Ausprägung keine Zukunft mehr hat. Ich will mir die gravierenden Auswirkungen der Corona-Krise auf unser europäisches Finanzsystem nicht ausdenken. Alle möglichen Rettungsschirme sind bereits aufgespannt. Was kommt als nächstes?

Die EU beweist in regelmäßigen Abständen eindrucksvoll, dass sie handlungsunfähig ist. Nehmen wir als Beispiel einen solch simplen Vorgang wie die Zeitumstellung. Das EU Parlament stimmte im März 2019 dem Wunsch der Mehrheit der Bürger zu und sprach sich dafür aus, im Jahr

2 Unzulänglichkeiten des aktuellen Steuerrechts

2021 die Zeitumstellung abzuschaffen. Doch es gibt sie noch immer (Stichtag 01.02.2022). Ein definitiver Umstellungszeitpunkt ist noch nicht in Sicht! Die chaotische Vorgehensweise im Zusammenhang mit der Beschaffung eines Corona-Impfstoffes, in der es im wahrsten Sinne des Wortes um Leben oder Tod ging, möchte ich an dieser Stelle nicht kommentieren.

Bei der Abwägung eines Für und Wider der Umsatzsteuer sollte man sich neben dem theoretischen steuerrechtlichen Geplänkel einmal die grausame Wirklichkeit in ihrer ganzen Brutalität vor Augen führen:

Die Umsatzsteuer wird wirtschaftlich vom Endverbraucher getragen. Rechtschaffene, fleißige Bürger sorgen demnach mit ihrem Konsum dafür, dass die Umsatzsteuerkassen des Staates gefüllt werden. Dieser Staat ist nicht in der Lage, dieses Geld, das der Steuerzahler hart erarbeitet hat, vor dem Zugriff von gewissenlosen Gaunern zu schützen. Dies ist ein Skandal. Der Staat ist hier gegenüber seinen steuerehrlichen Bürgern in der Verantwortung und hat die Pflicht, diese Betrügereien wirksam zu unterbinden. Alle bisher unternommenen Versuche unseres Rechtsstaates sind gescheitert. Demnach bleibt als letzte logische Konsequenz einzig und allein die Abschaffung der Umsatzsteuer.

Der Bürger darf nach meiner Auffassung an den Staat durchaus den Anspruch stellen, dass dieser sorgsam mit den ihm anvertrauten Steuergeldern umgeht. Im Falle der Umsatzsteuer kann der Staat diese Sorgfaltspflicht offenkundig nicht erfüllen.

Man sollte die Sensibilität der Steuerzahler in solchen Dingen nicht unterschätzen. Dem Bürger ist schon aufgrund entsprechender, regelmäßiger Hinweise in den Medien bekannt und bewusst, dass Umsatzsteuer immer wieder in großem Umfang hinterzogen wird. Und er erkennt auch, dass der Staat offenbar nicht in der Lage ist, diesem kriminellen Treiben einen Riegel vorzuschieben. Dies ist dann ein weiterer kleiner Mosaikstein, der letztlich das Gesamtbild *Staatsverdrossenheit* gepaart mit einem gleich großen Maß an *Politikverdrossenheit* entstehen lässt. Ich werde an verschiedenen anderen Stellen ebenfalls auf dieses Problem hinweisen.

Kapitalertragsteuer
Wenden wir uns von dem unerfreulichen Thema *Umsatzsteuer* einem anderen steuerlichen „Leckerbissen" zu, nämlich der Kapitalertragsteuer. Hier heißt das Schlagwort nicht Karussell, sondern *Cum-Ex-Geschäfte*.[3] Durch Hin- und Herschieben von Steuerbescheinigungen wurden Milliarden an sauer erarbeiteten Steuergeldern hinterzogen. Nachdem dieses Schlupfloch durch das Urteil des Bundesgerichtshofs vom 28. Juli 2021 – 1 StR 519/20 (Bundesgerichtshof 2021) geschlossen wurde (in der Zwischenzeit wurde der Fiskus um geschätzte 36 Milliarden Steuern ärmer), kam der Nachfolger: *Cum-Cum-Geschäfte* (Näheres siehe Gabler Wirtschaftslexikon: https://wirtschaftslexikon.gabler.de/definition/cum-cum-geschaefte-81608). Auch dieses Instrument erfreute sich in manch dubiosen Personenkreisen großer Beliebtheit. Was dürfen wir in diesem Bereich zukünftig noch erwarten? Lassen wir uns einfach überraschen! Der einschlägigen Klientel wird mit Sicherheit wieder etwas ganz besonders Originelles einfallen.

Ein Steuersystem, das in weiten Bereichen auf Steuerbescheinigungen (Rechnungen mit Vorsteuer oder Kapitalertragsteuer) basiert, ist zwangsläufig anfällig für Be-

---

[3] Hierbei handelt es sich um die Erschleichung von Kapitalertragssteuererstattungen, die zuvor gar nicht gezahlt wurden. Dies geschieht im Rahmen von Aktiendeals, die innerhalb jener Tage abgewickelt werden, in denen Aktiengesellschaften an ihre Aktionäre Dividenden auszahlen.

2 Unzulänglichkeiten des aktuellen Steuerrechts

trügereien. Aus diesem Grund sollte man mit solchen Instrumenten äußerst vorsichtig agieren oder sie nach Möglichkeit vollständig vermeiden.

Einkommensteuer
Kommen wir nun zur Einkommensteuer und in diesem Zusammenhang natürlich auch zum Thema Gerechtigkeit:

§ 32d Abs. 1 EStG
Die Einkommensteuer für Einkünfte aus Kapitalvermögen ... beträgt 25 Prozent.

Kann mir das bitte mal jemand erklären? Und zwar so, dass es einen Sinn ergibt. Die oben zitierte Vorschrift bedeutet im Klartext, dass derjenige, der nicht selbst arbeitet, sondern sein Geld arbeiten lässt, vom Fiskus belohnt wird. Ein Mitarbeiter des Kampfmittelräumdienstes, der bei Wind und Wetter ausrücken muss und dabei sein Leben riskiert, wird mit dem Regelsteuersatz „belohnt", wohingegen sich der Schreibtischtäter, der mit ein paar Mausklicks sein Geld arbeiten lässt, eines begünstigten Einkommensteuersatzes erfreuen darf. Wer ist für ein solches Gesetz verantwortlich? Unglaublich!

Nehmen wir in diesem Zusammenhang folgendes Beispiel:

> **Beispiel**
> Zwei Bürger (Friedel Fleißig und Franz Faul) gewinnen jeweils eine Million im Lotto. Friedel Fleißig erfüllt sich einen lang gehegten Traum und macht sich als Schreinermeister selbstständig. Er bringt somit das Kapital in den Wirtschaftskreislauf, beteiligt sich mit eigenem Risiko am wirtschaftlichen Verkehr und arbeitet hart. Wenn das Unternehmen floriert, wird es also Gewinne erwirtschaften. Diese Gewinne

> unterliegen in vollem Umfang dem regulären Einkommensteuersatz, obwohl ja betriebswirtschaftlich, neben dem Unternehmerlohn, ein Teil dieser Gewinne faktisch die Verzinsung des eingesetzten Kapitals (= Lottogewinn) darstellt.
> Franz Faul hingegen erwirbt für die gewonnene Million dividendenstarke Aktien. Er sitzt gemütlich auf seinem Sofa und beteiligt sich nicht am wirtschaftlichen Verkehr. Arbeit kennt er nur vom Hörensagen. Seine Dividendeneinkünfte werden mit dem begünstigten Steuersatz von 25 Prozent abgegolten.

Sieht so ein gerechtes Steuerwesen aus?

Wenn man überhaupt über einen begünstigten Einkommensteuersatz nachdenken möchte, sollte man dann nicht zuerst einmal den arbeitenden Teil unserer Gesellschaft ins Auge fassen?

Ein Straßenbauarbeiter, der im Sommer bei 35 Grad Celsius im Schatten schuftet, muss seinen kargen Lohn der Lohnsteuer unterwerfen. Das empfindet man als normal. Für einen solchen Vorgang hat noch nie jemand die Sinnfrage gestellt. Ebenso normal empfindet man es aber auch in unserem jetzigen Steuerrecht, dass jemand, der einen Lotteriegewinn in Höhe von einer Million abräumt, steuerfrei davonkommt. Wenn das in unserem Steuerrecht die Normalität darstellt, können wir m. E. getrost auf dieses Steuerrecht verzichten! Wobei mir die Bezeichnung *Recht* in diesem Fall völlig deplatziert erscheint.

Nach der herrschenden Meinung deutscher Steuerrechtler (siehe auch Standard-Werk Tipke und Kruse 2021) gilt als Fundament der Besteuerung das Leistungsfähigkeitsprinzip. Dieses besagt nichts anderes, als dass jeder Bürger im Rahmen seiner wirtschaftlichen Leistungsfähigkeit einen Beitrag zur Finanzierung von staatlichen Aufgaben leisten sollte. Gemäß diesem Prinzip sollte sich die Höhe einer persönlichen Steuer ausschließlich daran orientieren,

2 Unzulänglichkeiten des aktuellen Steuerrechts

in welchem Umfang ein Steuerpflichtiger in der Lage ist, seinen Beitrag zur Staatsfinanzierung leisten zu können. Urteilen Sie bitte selbst, ob in dem zuvor genannten Beispiel dem *Prinzip der wirtschaftlichen Leistungsfähigkeit* Rechnung getragen wird.

Im Folgenden erläutere ich Ihnen eine weitere Spezialität des Hauses Einkommensteuer
Wenn ein Arbeitnehmer einen firmeneigenen Personenkraftwagen auch für private Fahrten unentgeltlich nutzen darf, muss er diesen Vorteil der Lohnsteuer unterwerfen. Das ist vollkommen in Ordnung so und das leuchtet auch jedem ein. In Höhe der Kosten für die Privatfahrten entsteht ihm, da er persönlich ja keine Kosten aufwenden muss, ein so genannter *geldwerter Vorteil*. Wenn es um die Berechnung dieses geldwerten Vorteils geht, wird es jedoch skurril. Nach dem Pauschalierungsverfahren gemäß § 6 Abs. 1 Nr. 4 i. V. mit § 8 Abs. 2 des Einkommensteuergesetzes beträgt dieser Vorteil monatlich 1 Prozent des Bruttolistenneupreises des Fahrzeuges. Nach dieser Vorschrift ist es völlig unerheblich, ob es sich bei dem teilweise privat genutzten Fahrzeug um ein Neufahrzeug handelt oder um ein uraltes Schrottmobil.

Der Arbeitnehmer, der ein neues Fahrzeug zum Kaufpreis von 100.000 Euro nutzt, hat nach der befremdlichen Auffassung des Gesetzgebers den gleichen geldwerten Vorteil wie jemand, der ein altes Gebrauchtfahrzeug fährt, das der Arbeitgeber zum Preis von 10.000 Euro erworben hat und das ursprünglich einmal 100.000 Euro als Neufahrzeug kostete.

Nach meinem Verständnis müssen zur Ermittlung eines Vorteils, der jemanden gewährt wird, die Kosten ermittelt werden, die derjenige einspart, der den Nutzungsvorteil hat. Denn nur diese ersparten Kosten – und dazu gehören auch die Anschaffungskosten –, können die Bemessungsgrundlage eines Vorteils darstellen. Im ersten Fall müsste der Arbeitnehmer für die Anschaffung des Fahrzeuges 100.000 Euro (anteilig im Umfang seiner Nutzung) und im zweiten Fall nur 10.000 Euro aufwenden. Warum man beide Fälle gleichermaßen besteuert, bleibt mir und selbstverständlich auch vielen anderen Steuerfachleuten ein Rätsel.

Es stellen sich für mich zwei grundlegende Fragen:

1. Warum nimmt man überhaupt als Bemessungsgrundlage den Listenneupreis und nicht den tatsächlich gezahlten Kaufpreis?
2. Warum wird der geldwerte Vorteil für einen Neuwagen gleichermaßen wie für einen Gebrauchtwagen ermittelt?

In seinem Urteil vom 13.12.2012 (BStBl 2013 S 385) hat der Bundesfinanzhof die Verfassungsmäßigkeit dieses Besteuerungsverfahrens unterstrichen. Ich weigere mich, dieses Urteil angemessen zu kommentieren.

Der Fairness halber sei erwähnt, dass der Gesetzgeber eine Alternative bietet. Wenn der Arbeitnehmer ein Fahrtenbuch führt und der Arbeitgeber die Kosten für dieses Fahrzeug getrennt ermittelt, kann der geldwerte Vorteil auch nach den tatsächlichen Kosten berechnet werden. Dieser Weg ist jedoch mit einem außerordentlichen hohen bürokratischen Aufwand verbunden. In manchen Fällen ist er auch nicht gangbar. Denken Sie bitte nur an ein Großunternehmen, das 100 Fahrzeuge im Bestand hat. Sollen nun für jedes einzelne Fahrzeug die Kosten getrennt ermittelt werden? Zudem ändert die hier erwähnte alternative Regelung nichts an der Tatsache, dass die Pauschalierung unter Ansatz des Fahrzeuglistenneupreises Unfug ist. Und im Falle, dass die Kosten für das Fahrzeug, aus welchen Gründen auch immer, nicht ermittelt werden können, geht

2 Unzulänglichkeiten des aktuellen Steuerrechts

auch der verfassungsrechtliche Hinweis auf die Alternative ins Leere.

Die paradoxe Orientierung an dem Listenneupreis eines Fahrzeuges führt in vielen Fällen zu dem kuriosen Ergebnis, dass der angebliche geldwerte Vorteil höher ist als die tatsächlichen Kosten, die das Fahrzeug verursacht hat. Erstaunlicherweise lässt der Gesetzgeber in einem solchen Fall Gnade walten. Mit der sogenannten *Kostendeckelung* wird erreicht, dass dieses widersinnige Ergebnis zumindest auf null gestellt wird.

Spätestens zu dem Zeitpunkt, als der Gesetzgeber sich zur Einführung der *Kostendeckelung* veranlasst sah, muss ihm doch klargeworden sein, wie unsinnig die Ausrichtung am Bruttolistenneupreis ist. Warum trotzdem an einer solch abenteuerlichen Regelung festgehalten wird, verliert sich im Nirwana des deutschen Steuerrechts.

Um das Maß der einkommensteuerlichen Absurditäten vollzumachen, sei abschließend das folgende Beispiel aus dem ganz gewöhnlichen bundesdeutschen Steueralltag erwähnt:

Ein ehemals selbstständig tätiger Ruheständler hat, mangels einer gesetzlichen Rentenversicherung, seine persönliche Altersversorgung im Wesentlichen auf zwei Füße gestellt. Zum Einen verfügt er über Immobilienbesitz, der ihm regelmäßige Mieteinnahmen beschert, und daneben unterhält er ein Aktiendepot, aus dem ihm entsprechende Dividenden zufließen. Nun befanden sich in seinem Depot unglücklicherweise auch *Wirecard-Aktien*. Nachdem erkennbar wurde, dass das Unternehmen eine einzige riesige Luftblase war, gleichwohl geadelt mit einem uneingeschränkten Bestätigungsvermerk der Wirtschaftsprüfungsgesellschaft *Ernst & Young*, verkaufte er seine Aktien im Jahr 2020 mit einem Verlust in Höhe von 50.000 Euro.

An dieser Stelle taucht bei mir, unabhängig von dem steuerlichen Aspekt, zwangsläufig die folgende Frage auf: Wie konnte es geschehen, dass ein solch kriminelles, windiges Gebilde namens *Wirecard*, dessen Geschäftsmodell im Grunde nur heiße Luft war, überhaupt die Aufnahme in den heiligen Kreis der börsennotierten Aktiengesellschaften, den *DAX* also, schaffen konnte? Nachdem das Kind in den Brunnen gefallen war, wurden auch dessen Gralshüter stutzig und verschärften die Aufnahmekriterien. Zufriedenstellend sind diese geänderten Zugangsvoraussetzungen nach meiner unmaßgeblichen Einschätzung allerdings keinesfalls. Das Unternehmen *Delivery Hero*, welches *Wirecard* im *DAX* ersetzt hat, kann Zeit seines Bestehens nur Verluste vorweisen. Ob dieses Unternehmen jemals die Gewinnzone erreichen wird und wie dieses Ziel realisiert werden soll, bleibt ein Geheimnis der Geschäftsleitung. Warum sich eine Kapitalgesellschaft, deren Unternehmenswert nach meiner Beurteilung in Richtung Null tendiert, im *DAX* tummeln darf, wirft nicht nur bei mir Fragen auf.

Aber das nur am Rande. Kommen wir wieder zurück zu unserem *Wirecard*-geschädigten Ruheständler.

§ 23 Abs. 3 Satz 7 EStG
Verluste dürfen nur bis zur Höhe des Gewinns, den der Steuerpflichtige im gleichen Kalenderjahr aus privaten Veräußerungsgeschäften erzielt hat, ausgeglichen werden; sie dürfen nicht nach § 10d abgezogen werden.

Nehmen wir einmal an, unser Ruheständler hat im Jahr 2020 Mieteinkünfte in Höhe von 50.000 Euro bezogen. Aktiengewinne sind (coronabedingt) keine zu verzeichnen. Unter Berücksichtigung des genannten *Wirecard-Verlustes* beträgt sein Einkommen 0 Euro. Da ihm aber der steuerliche Verlustausgleich in diesem Fall untersagt wird, darf er seine Mieteinkünfte voll versteuern.

2 Unzulänglichkeiten des aktuellen Steuerrechts 25

Wie steht es denn in diesem Fall um den Grundsatz der *Besteuerung nach der wirtschaftlichen Leistungsfähigkeit*?

Hier kommen wir wieder sehr rasch zu dem von mir bereits erwähnten Thema *Staatsverdrossenheit*.

Der dem Ruheständler entstandene Verlust ist u. a. darauf zurückzuführen, dass staatliche Stellen (z. B. die Bundesanstalt für Finanzdienstleistungsaufsicht, kurz *Bafin* genannt), trotz ernstzunehmender Warnungen nicht Willens oder nicht in der Lage waren, dieses unseriöse Unternehmen an die Kette zu legen. Und nun darf der Steuerpflichtige den aus seiner Sicht auch auf staatliches Versagen zurückzuführenden Verlust nicht mit seinen positiven Einkünften verrechnen. Da stellt sich für ihn durchaus die Gerechtigkeitsfrage. Der Vorgang wird sein Vertrauen in den Staat nicht unbedingt stärken.

Grunderwerbsteuer
Machen wir von den einkommensteuerlichen Unzulänglichkeiten einen Abstecher zur Grunderwerbsteuer. Mit welcher Rechtfertigung wird die Grunderwerbsteuer erhoben? Nehmen wir beispielsweise an, ein Handwerksmeister erwirbt von einem Privatmann ein Grundstück, um darauf eine Werkstatt zu errichten. Er belebt damit die Bauwirtschaft und schafft in seinem Unternehmen neue Arbeitsplätze. Zur „Belohnung" darf er dann Grunderwerbsteuer bezahlen. Sieht so ein gerechtes Steuersystem aus?

In diesem Zusammenhang sollte nach meiner Ansicht folgende Überlegung greifen: Wenn ein solcher Vorgang überhaupt besteuert werden soll, warum betrifft dies dann den Grundstückserwerber und nicht den Grundstücksverkäufer? Nehmen wir folgenden, realistischen Fall aus der Praxis:

Ein Bürger hält seit unzähligen Jahren ein mehr oder weniger wertloses Gartengrundstück in seinem Privatvermögen. Aufgrund einer glücklichen Fügung wird dieses Grundstück zu Bauland erklärt. Nun verkauft der stolze Besitzer dieses ehemals wertlose Grundstück für 150.000 Euro. Die Erwerber, ein junges Ehepaar, möchten auf diesem Grundstück ein Einfamilienhaus errichten. Dieses Ehepaar wird also mit dem Bau des Hauses sehr viel Geld in den Wirtschaftskreislauf pumpen. Es wird dafür sorgen, dass Menschen Beschäftigung finden und dem Fiskus mittelbar über Gehälter, Gewinne und Umsätze Steuern zufließen. Zu diesem Zweck wird das Ehepaar einen Kredit aufnehmen und somit ins Risiko gehen müssen. Als „Anerkennung" dürfen die beiden dann Grunderwerbsteuer entrichten, in diesem Fall ca. 9000 Euro.

Der Verkäufer hat, ohne auch nur einen einzigen Finger rühren zu müssen, einen Ertrag in Höhe von 150.000 Euro erwirtschaftet und wird vom Fiskus mit der Wohltat *Steuerfreiheit* belohnt. Könnte man hier nicht einmal darüber nachdenken, die Grunderwerbsteuer in eine Grundstücksverkaufssteuer umzuwandeln? Ist es unter Wahrung des Prinzips der *Besteuerung nach der wirtschaftlichen Leistungsfähigkeit* überhaupt vertretbar, im vorstehenden Beispiel die Grunderwerbsteuer zu erheben?

Die Liste von Beispielen, die die Unzulänglichkeiten unserer deutschen Steuergesetze widerspiegeln, ließe sich beliebig fortsetzen. Aber ich möchte es hierbei belassen.

3

Halbteilungsgrundsatz

Zusammenfassung Die Konfliktsituation zwischen Verfassungsrecht und Gerechtigkeit wird durchleuchtet. Ein Beispiel aus dem ganz gewöhnlichen Steueralltag führt vor Augen, zu welchen wenig akzeptablen Belastungen unser heutiges Steuerrecht führen kann.

In seinem Beschluss vom 22. Juni 1995 hat das Bundesverfassungsgericht im Zusammenhang mit der damaligen Vermögensteuer den sogenannten *Halbteilungsgrundsatz* aufgestellt. Danach soll die steuerliche Gesamtbelastung in der Nähe der hälftigen Teilung zwischen privater und öffentlicher Hand verbleiben. In seiner Entscheidung vom 18. Januar 2006 kam der Senat zu dem bemerkenswerten Ergebnis, dass eine Belastung mit Einkommensteuer und Gewerbesteuer von insgesamt 60 Prozent unter Bezug auf die Rechtsprechung des Bundesfinanzhofs noch als verfassungsgemäß einzustufen sei.

Nun maße ich mir nicht an, eine verfassungsrechtliche Beurteilung dieses Themas abgeben zu können. Gleichwohl fühle ich mich befugt, meine persönliche Meinung zu diesem Problem kundzutun. In diesem Zusammenhang taucht wieder der Begriff *Gerechtigkeit* auf. Mir ist nicht bekannt, wie die zuständigen Verfassungsrichter für sich persönlich die Begriffe *Gerechtigkeit* und *Angemessenheit* definieren oder was sie persönlich als gerecht und angemessen empfinden. Eine Zumutbarkeit, die bei 60 Prozent angesiedelt ist, erachte ich allerdings als äußerst ambitioniert. Nach meinem persönlichen Rechts- und Gerechtigkeitsempfinden sollte jemand, der für sein Geld hart arbeiten muss, auch etwas davon haben und zwar mehr als derjenige, der nur die Hand aufhält. Aus diesem Grund vertrete ich die Auffassung, dass die Schmerzgrenze bei etwa 40 Prozent anzusiedeln ist, mehr sollte dem Staat nicht zustehen. Eine Belastung oberhalb der genannten Grenze empfinde ich als unangemessen. Eine solche überzogene Besteuerung ist meines Erachtens nicht mit dem Übermaßverbot in Einklang zu bringen und lässt mich unweigerlich an Sittenwidrigkeit denken. Aus meiner Sicht der Dinge hat es den Anschein, dass in dem oben erwähnten Beschluss des Bundesverfassungsgerichtes das Verfassungsrecht und die Gerechtigkeit getrennte Wege gehen.

40 Prozent oder 60 Prozent? Wer bietet mehr? Schauen Sie sich bitte einmal folgendes Beispiel aus dem schier unerschöpflichen Repertoire des Kuriositätenkabinetts des alltäglichen deutschen Steuerwahnsinns an:

Es verdient jemand 100 Euro. Er bewegt sich im oberen Einkommensbereich und zahlt dafür 40 Euro Einkommensteuer. Gewerbesteuer, Solidaritätszuschlag und Kirchensteuer sollen hier unberücksichtigt bleiben. Also verbleiben ihm noch 60 Euro. Mit diesen 60 Euro fährt der Gute nun zur Tankstelle und bezahlt damit das Benzin. Grob gerechnet gehen zwei Drittel des Benzinpreises an den Fiskus, in unserem Fall also 40 Euro. Insgesamt fließen von den

100 Euro, die jemand verdient hat, demnach 80 Euro in das Staatssäckel. Nun mag mir bitte einmal ein Verfassungsrichter plausibel erklären, ob ein solcher Vorgang noch mit dem verfassungsmäßigen Halbteilungsgrundsatz in Einklang zu bringen ist. Immerhin liegen wir jetzt schon bei 80 Prozent, die der Staat auf seiner Habenseite buchen darf.

Anhand der wenigen von mir im vorangegangen Kapitel aufgezählten Beispiele wird rasch deutlich: Unser Steuersystem funktioniert nicht so, wie ein gutes Steuersystem funktionieren sollte. Die Ursachen hierfür sind mannigfaltig. Sie zu durchforsten, würde eine Reihe von Absurditäten ans Tageslicht bringen, aber es würde uns nicht weiterhelfen. Lassen Sie uns deshalb bitte einfach einen Schluss-Strich ziehen und uns von diesem Wirrwarr von Gesetzen, das kein Mensch in seiner Gesamtheit verstehen kann, verabschieden. Es würde der Sache keinesfalls dienen, punktuelle Änderungen vorzunehmen oder vollständig auf einzelne Steuern wie beispielsweise die Kraftfahrzeugsteuer zu verzichten. Man muss den Blick auf das große Ganze richten und darf sich nicht in Einzelheiten verlieren. Dieser Fehler ist in der Vergangenheit zu häufig begangen worden. Wenden wir uns also dem Prinzip Zukunft und somit der Alternative Obolus zu.

# 4

Grundsätzliches zum Obolus

Zusammenfassung Der jeweils amtierende Bundespräsident könnte bei der Vereinfachung der deutschen Steuergesetzgebung eine wichtige Rolle einnehmen. Die Kernpunkte des Obolussystems werden anschaulich dargelegt. Bisherige, über Jahrhunderte hinweg geltende Bemessungsgrundlagen, wie beispielsweise Gewinn oder Ertrag, werden über Bord geworfen. Die Besteuerung zielt künftig nur noch auf die realen Einnahmen. Dieser bahnbrechende Ansatz führt u. a. dazu, dass ausländische Unternehmen steuerlich inländischen Unternehmen gleichgestellt werden. Mit der Einführung des Obolus sollen Einnahmen, die sich bisher in einem steuerlichen Niemandsland bewegen, in den Fokus der Besteuerung rücken und das Gros der werktätigen Bevölkerung fiskalisch entlasten.

Mit der Einführung des Obolus verfolge ich das Ziel, die eingangs erwähnte, ursprüngliche Ausgangslage (*Zehnter*) wiederherzustellen. Dies hätte zur Folge, dass der Steuerpflichtige zukünftig seine Steuer wieder selbst ermitteln könnte. Ich finde, dies ist ein ungeheuer wichtiger Punkt. Wie sieht es denn heute aus?

Die Steuergesetze sind für den Bürger nur ein ganz abstraktes Gebilde, das er zwar zu befolgen hat, in der Regel aber nicht durchschaut. Aus diesem Grund überträgt er die Wahrnehmung seiner steuerlichen Verpflichtungen häufig einem Steuerberater. Wenn dieser ihm nach Ablauf des Jahres die Einkommensteuererklärung überreicht und ihm in diesem Zusammenhang ausführlich erklären muss, warum er eine Riesensumme an Einkommensteuer zu entrichten hat, verbleibt unweigerlich ein Rest an Unsicherheit. Und diese Unsicherheit gilt es durch Vereinfachung der Gesetzgebung zu beseitigen.

Auch auf die Gefahr hin, mich bei Steuerberatern und ähnlichen Berufsangehörigen unbeliebt zu machen, sollte die Grundvoraussetzung für jedes Steuergesetz dessen Verständlichkeit für den Bürger sein. Es gilt meines Erachtens der Grundsatz: *Ein Bürger kann nur die Gesetze befolgen, die er auch versteht*, beziehungsweise: die sich mit einem „gesunden Menschenverstand" nachvollziehen lassen.

In diesem Zusammenhang vertrete ich die Auffassung, dass auch der jeweilige Bundespräsident seinen Beitrag zur Vereinfachung des deutschen Steuerrechts leisten kann. Ein Bundespräsident wäre meines Erachtens gut beraten, wenn er dieses Prinzip der für den Bürger verständlichen Gesetzgebung verinnerlicht. Ihm obliegt die Pflicht, Gesetze gegenzuzeichnen. Dem Bundespräsidenten steht in diesem Zusammenhang allerdings auch ein Recht zur materiellen Prüfung eines Gesetzes zu. Ich hätte mir gewünscht, dass unser damaliger Bundespräsident *Horst Köhler* eine solche abenteuerliche und unverständliche Vorschrift wie zum Beispiel § 4h des Einkommensteuergesetzes (Zinsschranke) dem damaligen Finanzminister *Peer Steinbrück* mit der dringenden Bitte, den Gesetzestext in einer für jeden Steuerzahler verstehbaren Formulierung, zu überarbeiten, zurückgegeben hätte. Wir wären heute bereits einen Riesenschritt weiter in Richtung einer Steuervereinfachung, wenn der jeweilige Bundespräsident nur die Steuergesetze unterzeichnet hätte, die er auch selbst verstanden hat.

Übrigens gab es in der Vergangenheit bereits eine Steuer, die dem Obolus ähnelte und die auch vorzüglich funktionierte, und zwar die alte Umsatzsteuer, die zum 1. Januar 1968 von der heutigen (so genannten) Mehrwertsteuer abgelöst wurde. Diese alte Umsatzsteuer betrug 4 Prozent und wurde von jedem Umsatz erhoben. Einen Vorsteuerabzug kannte das alte Recht nicht, und das war auch gut so! Während der Geltungsdauer des alten Umsatzsteuerrechts drehten sich übrigens Karusselle nur auf dem Rummelplatz und keinesfalls bei der Umsatzsteuer.

Die Kritiker der alten und die Befürworter der neuen Umsatzsteuer führten damals ins Feld, dass die Erhebung auf jeder Wertschöpfungsebene zu einer Mehrfachbesteuerung und somit zu einer Mehrfachbelastung führte. Diesem Argument kann ich in der Nachbetrachtung allerdings entgegenhalten, dass die Mehrfachbelastung nicht so gravierend gewesen sein kann. Denn trotz dieses angeblichen Hindernisses entwickelte sich die Bundesrepublik Deutschland zu einem *Wirtschaftswunderland* und kam sogar ohne nennenswerte Staatsverschuldung über die Runden. Die Schuldenbremse war damals keine Fata Morgana, hinter der der jeweilige Finanzminister her hechelte, sondern praktizierte Realität. Damals wusste man sogar noch, was Vollbeschäftigung bedeutete. Arbeitslosigkeit kannte man nur vom Hörensagen.

Zudem müssen die Kritiker, die das Argument *Mehrfachbelastung* in den Ring werfen, zur Kenntnis nehmen, dass so etwas in unserem jetzigen deutschen Steuerrecht gang und gäbe ist. Wenn jemand seinen bereits um die Einkommensteuer geminderten Nettolohn nimmt und damit zum Friseur geht, darf er dort zusätzlich Umsatzsteuer bezahlen. Sollte er zum Tanken fahren, wird neben der Umsatzsteuer auch Mineralölsteuer einbehalten.

Ich vertrete die Auffassung, dass das Entscheidungskriterium nicht Einfach- oder Mehrfachbelastung sein kann, sondern dass es letztlich einzig und allein auf die Höhe der Gesamtbelastung ankommt.

Wie die alte Umsatzsteuer, die jede Phase einer Wertschöpfung erfasste, wird auch der Obolus als *Allphasensteuer* ausgelegt sein. Solange der Steuersatz auf jeder Stufe jedoch so gering ist, dass er in seiner Summe unter dem liegt, was wir heute an Steuerbelastungen zu verkraften haben, ist gegen ein solches System wohl nichts einzuwenden. In diesem Zusammenhang erlauben Sie mir bitte den Hinweis auf meine Ausführungen in Kap. 3, wonach sich eine Steuerbelastung von 80 Prozent ergibt. So etwas werden Sie im Rahmen des Obolusverfahrens nicht erleben!

Wenn man sich das Steueraufkommen der Bundesrepublik Deutschland und der Bundesländer vor Augen führt, sind die Leistungsträger u. a. die Einkommen- und Körperschaftsteuer sowie die Umsatzsteuer. Aus diesem Grund werde ich mich, soweit es die Einführung des Obolus anbelangt, schwerpunktmäßig mit diesen Steuern beschäftigen, insbesondere natürlich auch mit den der Berechnung zugrunde liegenden Gewinnermittlungsarten. Zu den Gemeindesteuern, hier insbesondere der Gewerbesteuer, komme ich später. Es sei aber bereits jetzt darauf hingewiesen, dass es neben dem Obolus keine Landessteuern und natürlich auch keine Gemeindesteuern mehr geben wird.

Das Einkommensteuerrecht kennt die folgenden sieben Einkunftsarten:

4 Grundsätzliches zum Obolus

- Einkünfte aus Land- und Forstwirtschaft
- Einkünfte aus Gewerbebetrieb
- Einkünfte aus selbstständiger Arbeit
- Einkünfte aus nichtselbständiger Arbeit
- Einkünfte aus Vermietung und Verpachtung
- Einkünfte aus Kapitalvermögen
- Sonstige Einkünfte

Die ersten drei genannten Einkunftsarten werden auch als Gewinneinkünfte bezeichnet, weil zur Ermittlung dieser Einkünfte eine Gewinnermittlung erforderlich ist, wie zum Beispiel die Gewinn- und Verlustrechnung innerhalb eines Jahresabschlusses. Die übrigen Einkünfte werden als Überschusseinkünfte tituliert. Die oben genannten sieben Einkunftsarten stellen eine abschließende Aufzählung von Einkommen dar. Dies bedeutet, dass Einnahmen, die keiner dieser Einkunftsarten zugeordnet werden können, nicht der Einkommensteuer unterliegen. Dies gilt zum Beispiel für Lotteriegewinne.

Von diesen Einkunftsarten müssen wir uns verabschieden, da der Obolus nicht von der Bezugsgröße Gewinn oder Überschuss ausgeht, sondern sich ausschließlich an den Einnahmen orientiert.

Ob es sich um

- eine natürliche Person
- eine Personengesellschaft
- eine Kapitalgesellschaft oder
- ein sonstiges Rechtsgebilde

handelt, ist dem Obolus vollkommen gleichgültig. Die Erhebung des Obolus erfolgt unabhängig von der Rechtsform desjenigen, der hier in Deutschland Einnahmen erzielt.

Dem Obolus unterliegen alle Einnahmen, die im Geltungsbereich des Grundgesetzes der Bundesrepublik Deutschland erzielt werden.

Das besagt, dass es völlig bedeutungslos ist, ob es sich um eine inländische oder ausländische natürliche Person oder ein inländisches oder ausländisches Unternehmen handelt. Es spielt auch keine Rolle, ob das Unternehmen seinen Sitz in Berlin, Rom oder auf den Cayman-Islands hat. Wie jeder inländische bodenständige Kleinunternehmer dürfen auch die so genannten Global Player ihren Obolus hier in Deutschland abliefern und zwar in gleicher Höhe wie hiesige Unternehmen.

Damit hätte man ein wirksames Instrument, international agierende Konzerne, die in Deutschland Riesengewinne erwirtschaften, auch hier zur Kasse zu bitten. Sie könnten sich nicht mehr mit dem Hinweis, dass ihr Firmensitz auf den Bahamas liegt, aus der steuerlichen Verantwortung stehlen beziehungsweise sich der deutschen Besteuerung entziehen.

Es würde auch weltweit operierenden deutschen Unternehmen keinen Vorteil bringen, wenn sie wie bisher ihre Gewinne hier in der Bundesrepublik mit Hilfe von Ergebnisabführungsverträgen, Lizenzverträgen oder anderen abenteuerlichen, steuerlich motivierten Gestaltungen klein rechnen, da ausschließlich auf die hier erzielten Einnahmen abgestellt wird.

Ich finde, dass man mit dieser Form der Besteuerung schon einen gewaltigen Schritt in die Richtung der angestrebten Steuergerechtigkeit machen würde.

Und an dieser Stelle kommt wieder das Thema *Staatsverdrossenheit* ins Spiel. Viele Bundesbürger, die brav ihre Steuern zahlen, haben kein Verständnis dafür, dass die Steuerpflicht nur ihr „Privileg" ist und die weltweit operierenden Unternehmen, die hierzulande reichlich Geld verdienen,

4 Grundsätzliches zum Obolus

die unsere Wirtschaftskraft gerne nutzen und auch unsere Infrastruktur mit Freuden in Anspruch nehmen, mit steuerlichen Samthandschuhen angefasst werden. Mit der Einführung des Obolus könnte man dem Bürger glaubhaft das Gefühl vermitteln, dass ihm dieser Staat wieder ein Stück mehr Gerechtigkeit entgegenbringt.

Wenn wir mit dem Obolus so verfahren, wie ich es vorhin skizziert habe, werden wir es schaffen, den Kreis der potenziellen und insbesondere der potenten Steuerzahler signifikant zu erweitern. Das mag zwar bei vielen Unternehmen, die die Bundesrepublik Deutschland zurzeit noch als steuerliches Niemandsland betrachten, keine Freudensprünge auslösen. Es wird sie aber mit Sicherheit nicht davon abhalten, auch weiterhin hier Umsätze tätigen zu wollen. Somit erkenne ich keinen einleuchtenden Grund, warum der Wirtschaftsstandort Deutschland mit der Einführung des Obolus an Attraktivität verlieren könnte.

Durch die bloße Ausrichtung an den Einnahmen und der damit einhergehenden Abschaffung der genannten Einkunftsarten wird auch der Umfang der Einkommen, für die ein Obolus zu entrichten ist, erheblich ausgedehnt.

Ich denke da zum Beispiel an Lottogewinner. Wenn ich einem hart arbeitenden Menschen zumute, für sein im Schweiße seines Angesichts bezogenes Einkommen einen Obolus zu entrichten, wird man dies doch wohl auch einem Lottogewinner zumuten dürfen. Wir dürfen auch nicht davor zurückschrecken, jemanden, der sein selbst genutztes Einfamilienhaus nach vielen Jahren der Selbstnutzung zu einem exorbitant hohen Preis veräußert, zur Kasse zu bitten. Auch sei an das Beispiel zur Grunderwerbsteuer erinnert. Gibt es einen vernünftigen Grund, bei dem Grundstücksveräußerer auf die Erhebung des Obolus zu verzichten? Die Besteuerung von Einnahmen darf unter keinen Umständen ein „Privileg" nur für den arbeitenden

Teil unserer Bevölkerung darstellen. Es ist mir unbegreiflich, warum sich unser deutsches Steuerrecht in eine solche mit Ungerechtigkeiten gespickte Form entwickeln konnte. Unser heutiges Steuerrecht verfährt nach dem Motto: Arbeit wird bestraft und Faulheit wird belohnt.

Die beiden Faktoren

- Erweiterung des Kreises der Steuerpflichtigen
- Erweiterung der Bemessungsgrundlage

würden zwangsläufig dazu führen, dass durch die Einführung des Obolus die Steuerbelastung für jeden einzelnen derzeitigen Steuerzahler sinken würde.

An dieser Stelle scheint mir folgender Hinweis bedeutsam
Bitte erwarten Sie von mir kein ausgetüfteltes Zahlenwerk, das bis zum letzten Euro die Umstellung auf den Obolus abbildet. Dazu fehlen mir schlichtweg die Möglichkeiten. Zudem würde ein solches Zahlenwerk den Rahmen dieses Buches mit Sicherheit sprengen. Ich möchte Sie auch nicht mit endlosen Tabellen langweilen, die zu einer beeindruckenden Anzahl von Buchseiten führen würden. Auch gehöre ich keinem wie auch immer bezeichneten hoch dekorierten Sachverständigengremium an, dem ein Heer von Mitarbeitern und Datenlieferanten zur Verfügung steht und die trotzdem mit ihren Prognosen gelegentlich zu 30, 40 Prozent oder auch mehr danebenliegen. Ich möchte lediglich dazu beitragen, dass man sich endlich einmal grundlegende Gedanken über die Unzulänglichkeiten unseres heutigen Besteuerungssystems macht, und einen Weg aufzeigen, der völlig losgelöst von herkömmlichen Betrachtungsweisen darlegt, dass es auch andere, einfachere Möglichkeiten gibt, unser Gemeinwesen mit den erforderlichen Finanzmitteln auszustatten. Betrachten Sie dieses

4 Grundsätzliches zum Obolus

Buch bitte als Diskussionsgrundlage und insbesondere als einen Denkanstoß, an dem sich jeder beteiligen sollte, der die Grenzen erkennt, an die uns das heutige deutsche Steuerrecht geführt hat, und der bereit ist, alt eingetretene Pfade zu verlassen und neue Wege einzuschlagen. Dies selbst auf die Gefahr hin, dass die neuen Wege mit Stolpersteinen gepflastert sind. Ich halte mich hierbei an einen Spruch von Franz von Assisi:

> „Beginne mit dem Notwendigen, dann tue das Mögliche und plötzlich wirst du das Unmögliche tun." (Franz von Assisi)

5
Obolusklassen

Zusammenfassung Die Obolusklassen prägen das Obolussystem. Es wird dargelegt, nach welchen Kriterien diese Obolusklassen gebildet werden können und welche Einnahmenbereiche in diesen Klassen zu erfassen sind, gefolgt von Überlegungen zur Abgabenordnung, die in gestraffter Form erhalten bleibt. Einer möglichen Wiedereinführung der Vermögensteuer wird mit einer detaillierten Stellungnahme vehement entgegengetreten. Abschließend befasst sich dieses Kapitel mit der geplanten Neuausrichtung der bisherigen Einheitswerte für Grundstücke.

Präambel
Wenn in den folgenden Kapiteln fundamentale Begriffsbestimmungen wie

- Obolusklassen
- Oboluspflicht
- Oboluserklärung
- oboluspflichtige Einnahmen

- Ort der Einnahme
- Zeitpunkt der Einnahme

angesprochen werden, handelt es sich nur um ganz grundlegende Ausführungen die lediglich den ganz normalen Alltagsfall vor Augen haben. Mit ist durchaus bewusst, dass unzählige Besonderheiten und spezielle Ausnahmen ihre Berücksichtigung finden müssen. Ich verstehe meine Aufgabe jedoch nicht darin, mich in solchen Details zur verlieren. Dazu sind die Fachleute heranzuziehen, die letztlich solche Neuregelungen zu entwerfen haben und die übrigens auch dafür bezahlt werden. Mir geht es lediglich darum, einen groben Rahmen aufzuzeigen, wie man an die Gestaltung des Obolussystems herangehen sollte.

Kommen wir nun zu den Obolusklassen
Analog zur bisherigen Lohnsteuer oder der Erbschaftsteuer schweben mir für die zutreffende Ermittlung des Obolus Steuerklassen (= Obolusklassen) vor. Diese Obolusklassen sind von grundlegender Bedeutung und prägen das Obolussystem. Für jede Obolusklasse gilt ein besonderer Steuersatz (= Obolussatz). Innerhalb der Obolusklassen können Freibeträge installiert werden. Bei der Einteilung der Obolusklassen ist eine Vielzahl von Faktoren zu berücksichtigen. Ähnlich wie beispielsweise die Berufsgenossenschaften die jeweiligen Berufe je nachdem, wie gefahrgeneigt diese sind, in Gefahrenklassen einteilen, müsste steuerlich eine Klassifizierung erfolgen, die solange gilt, bis sich die für die Einstufung relevanten Verhältnisse grundlegend ändern. Im Rahmen dieser Klassifizierung müssen unzählige Punkte und Kriterien beachtet werden, die hier nur beispielhaft aufgezeigt werden können. Je nach ihrer Wertschöpfung verbunden mit ihrer üblichen Umsatzrendite könnten beispielhaft folgende Zuordnungen erfolgen:

5 Obolusklassen

- Produktionsunternehmen
- verarbeitende Unternehmen
- Handeltreibende
- Dienstleister
- Arbeitnehmer
- Handwerker
- Bauunternehmen
- Personentransport
- Gütertransport
- Schifffahrt
- Schienenverkehr
- Flugverkehr
- Freiberufler, wie z. B. Ärzte, Rechtsanwälte, Notare und Steuerberater
- Wohn- und Gewerberaumüberlassung

Dies ist keinesfalls eine abschließende Aufzählung, sondern nur eine beispielhafte Zusammenstellung einiger, ganz weniger Bereiche, die verdeutlichen soll, wie solche Obolusklassen aufgebaut werden könnten. Die Anzahl der Obolusklassen wird sich mit Sicherheit in einer dreistelligen, unter Umständen sogar vierstelligen Größenordnung bewegen.

Daneben sind natürlich auch Einnahmen aus anderen Bereichen einer jeweiligen Obolusklasse zuzuordnen, wie zum Beispiel:

- Erbschaften
- Lotterie- und Glücksspielgewinne
- Einnahmen aus Finanzanlagen
- Spekulationsgeschäfte
- private Veräußerungsgeschäfte (siehe Hausverkauf)

Jeder einzelnen Obolusklasse wird ein Obolussatz (= Steuersatz) zugeordnet. Dieser Obolussatz richtet sich unter Berücksichtigung des *Grundsatzes der wirtschaftlichen Leistungsfähigkeit* nach der für die jeweilige Branche üblichen Wertschöpfung. Bemessungsgrundlage für die Ermittlung des Obolus sind aber fast ausnahmslos die Einnahmen, die der Steuerpflichtige generiert.

Ein Oboluspflichtiger kann durchaus in mehreren Obolusklassen veranlagt werden. Nehmen wir zum Beispiel einen angestellten Arzt, der neben seiner beruflichen Tätigkeit auch Mieteinnahmen bezieht und aufgrund des Todes seines Vaters eine Erbschaft erhalten hat. Dieser Oboluspflichtige würde dann Einnahmen aus drei verschiedenen Obolusklassen beziehen. Die Obolusklassen wären im weitesten Sinne vergleichbar mit den jetzigen Einkunftsarten im Einkommensteuerrecht.

Bisher allerdings, werden die jeweiligen Einkünfte zusammengerechnet und ergeben dann das Einkommen, für das anschließend die Einkommensteuer ermittelt wird. Zukünftig wird für jede Obolusklasse der jeweilige Obolus getrennt ermittelt. Die Summe der einzelnen Oboli ergibt dann den Jahresgesamtobolus.

An dieser Stelle erscheint folgender Hinweis äußerst wichtig

Aufgrund der Tatsache, dass der Obolus einnahmenbezogen ermittelt wird und Betriebsausgaben zumindest steuerlich weitestgehend bedeutungslos werden, könnte der Eindruck entstehen, zukünftig auf solche Aufzeichnungen verzichten zu dürfen. Dies ist keineswegs der Fall. Einerseits wird jeder seriöse Kaufmann bestrebt sein, unabhängig von bestehenden rechtlichen Verpflichtungen ein aussagekräftiges Rechnungswesen zu führen. Nur so kann er sein Unternehmen erfolgreich lenken. Andererseits sollten wir auch die handelsrechtlichen Vorschriften, die ja weiterhin gelten werden, nicht außer Acht lassen. Allerdings könnte die Einführung des Obolus verbunden mit der Abkehr von der Ertragsbesteuerung zu dem angenehmen Nebeneffekt führen, dass das Steuerrecht und das Handelsrecht nun endlich getrennte Wege gehen.

Wenn man sich heutzutage die Jahresabschlüsse von Klein- und Mittelunternehmen vor Augen führt, sind solche Jahresabschlüsse häufig ein Sammelsurium der Anwendung von steuerlichen und handelsrechtlichen Rechnungslegungs- und Bewertungsvorschriften. Hier wäre eine Trennung durchaus zu begrüßen.

In diesem Zusammenhang sollte man ernsthaft darüber nachdenken, ob die steuerliche Buchführungspflicht, so wie sie im Moment in den §§ 140 und 141 der Abgabenordnung geregelt ist, noch den heutigen wirtschaftlichen Gegebenheiten entspricht. Hierbei denke ich insbesondere an die weiterhin geltende grundsätzliche Befreiung von der Buchführungspflicht für Freiberufler. Es finden sich heutzutage Facharztpraxen, wie zum Beispiel Radiologen, die mit mehreren Gesellschaftern in Form einer Gesellschaft des bürgerlichen Rechts betrieben werden. Es ist keine Seltenheit, dass in solchen Praxen 100 Mitarbeiter beschäftigt werden, ein Betriebsvermögen in einem zweistelligen Millionenbetrag gehalten und ein Gewinn erwirtschaftet wird, der im einstelligen Millionenbereich angesiedelt ist. Solche Praxen sind durchaus mit mittelständischen gewerblichen Unternehmen zu vergleichen. Ich finde, es wäre zumindest einmal eine Überlegung wert, ob man an der generellen Befreiung von der Buchführungspflicht für Freiberufler unter Anbetracht ihrer wirtschaftlichen Entwicklung und deren Bedeutung festhalten sollte. Zudem entfällt durch die Abschaffung der Gewerbesteuer ohnehin ein wesentlicher steuerlicher Unterschied zwischen einem Kaufmann und einem Freiberufler.

Da vorhin der Begriff „Abgabenordnung" gefallen ist, kommt natürlich jedem, der sich etwas näher mit unserem deutschen Steuerrecht befasst hat, der Name Enno Becker in den Sinn und er erstarrt, bildlich gesprochen, vor Ehrfurcht. Innerhalb nur eines knappen Jahres verfasste dieser geniale Kopf die *Reichsabgabenordnung*. Dieses Grundgesetz des deutschen Steuerrechts sucht in seinem perfekt strukturierten Aufbau, gepaart mit einer ganz klaren, unmissverständlichen Formulierung, seines Gleichen. Diese *Reichsabgabenordnung* trat am 23.12.1919 in Kraft und wurde erst im Jahr 1977 von der heutigen *Abgabenordnung*, die in weiten Bereichen mit der alten *Reichsabgabenordnung* identisch ist, abgelöst. Diese *Abgabenordnung* regelt als eine Art *Dachgesetz* die jeweiligen Verfahrensabläufe für alle Einzelsteuergesetze. Trotz des Wegfalls der Vielzahl der Steuergesetze aufgrund der Einführung des Obolus bliebe uns die *Abgabenordnung* in geänderter Form natürlich erhalten, da weiterhin die genannten Verfahrensabläufe zu beachten wären. Die aktuell geltende *Abgabenordnung* könnte jedoch in vielen Punkten gestrafft werden.

Mit der Einführung des Obolus erledigt sich auch das ärgerliche Thema bezüglich einer Wiedereinführung der Vermögensteuer. Nach meiner Auffassung ist die Vermögensteuer eine rein politische Steuer, die sich steuersystematisch nicht begründen lässt. Man will damit dem sogenannten *kleinen Mann*, wer immer das auch sein mag, das Gefühl vermitteln, die sogenannten *Großen* zur Kasse zu bitten und mit diesem Schachzug so eine Art *soziale Gerechtigkeit* vorgaukeln. Aus diesem Grund ist dieses Thema immer wieder in Wahlkampfzeiten ein gern verwendeter Stimmenfänger, mit dem man versucht, einer gewissen Klientel Honig um das Maul zu schmieren.

Ich lehne grundsätzlich jegliche regelmäßig sich wiederholende Substanzbesteuerung ab. Wenn der besteuerten Substanz nicht immer wieder neue Substanz hinzu geführt wird, ist sie irgendwann einmal vollständig von der Steuer aufgefressen. Dies darf unter keinen Umständen das Ziel einer vernünftigen Steuerpolitik sein. Hier entsteht meines Erachtens eine Konfliktsituation insofern, dass das Verhältnismäßigkeitsprinzip (Übermaßverbot) dem Vermögensschutz gegenübersteht.

Zudem ist bitte folgendes zu bedenken
Das Vermögen, das zur Besteuerung herangezogen werden soll, hat bereits unzählige Steuerhürden überwinden müssen, bevor es schließlich als Sparguthaben, Wertpapier oder in welcher Form auch immer auf der Habenseite des Steuerpflichtigen ausgewiesen werden kann.

Das Geld, das letztlich beispielsweise auf einem Sparbuch landet, hat in der Regel schon die Einkommensteuer, die Umsatzsteuer und all die bereits genannten, teilweise unsinnigen Steuern durchlaufen. Dem Staat bieten sich in diesem dynamischen Prozess, den diese Einnahmen auf den jeweiligen Stufen durchleiden müssen, bereits unzählige Möglichkeiten, seine fiskalische Gier zu befriedigen. Wenn dann dieses Vermögen endlich auf dem Sparbuch gelandet ist, müsste die Besteuerung ein Ende finden. Irgendwann muss auch einmal Schluss sein! Diese Vorgabe sollte sogar ein nimmer satter Finanzminister verinnerlichen.

Das ersparte Vermögen muss von zwei Geboten, die zu den Grundpfeilern unseres Rechtsstaates gehören, geschützt werden. Diese heißen:

- Gerechtigkeit und
- Übermaßverbot

Ich vertrete die Meinung, dass mit der Einführung einer Vermögensteuer ein Teil unserer Rechtsstaatlichkeit verloren ginge. Deshalb also:

Hände weg von der Vermögensteuer!

In diesem Zusammenhang erlauben Sie mir bitte den Hinweis, dass es heutzutage bereits eine Vermögensteuer gibt. Sie nennt sich Grundsteuer. Die Grundsteuer ist eine Substanzsteuer, die sich auf bebaute und unbebaute Grundstücke bezieht. Mit der Einführung des Obolus würde diese Abgabe erfreulicherweise von der Bildfläche verschwinden.

Eben die zuvor erwähnte Grundsteuer zeigt aber auch geradezu exemplarisch, zu welchen bürokratischen Exzessen unser deutsches Steuersystem fähig ist.

Nach der bisherigen Rechtslage musste für Zwecke der Festsetzung der Grundsteuer zuerst einmal ein Einheitswert für das Grundstück seitens des Finanzamtes festgesetzt werden. Wer jemals eine solche Erklärung zur Feststellung des Einheitswertes ausfüllen musste, weiß, was Bürokratie bedeutet. Im Zusammenhang mit dem Erlass des Einheitswertbescheides wurde gleichzeitig ein Grundsteuermessbescheid erlassen. Aufgrund dieses Grundsteuermessbescheides setzte dann die Gemeinde per Grundsteuerbescheid die Grundsteuer fest.

Neben der unerfreulichen Tatsache, dass das zuvor geschilderte, aufwendige Verfahren einen immensen Verwaltungsaufwand verursachte, verstieß diese Regelung zudem gegen die Vorschriften des Grundgesetzes. In seinem Urteil vom 10. April 2018 stellte das Bundesverfassungsgericht fest, dass

> „... die Regelungen des Bewertungsgesetzes zur Einheitsbewertung von Grundvermögen mit dem allgemeinen Gleichheitssatz unvereinbar sind und zu gravierenden und umfassenden Ungleichbehandlungen bei der Bewertung von Grundvermögen führen, für die es keine ausreichende Rechtfertigung gibt." (Bundesverfassungsgericht 2018; Urteil vom 10. April 2018 – 1 BvL 11/14)

Gleichzeitig wurde der Gesetzgeber aufgefordert, bis zum 31. Dezember 2019 eine Neuregelung zu schaffen. In weiser Voraussicht räumte der Senat dem Gesetzgeber noch eine Übergangsfrist bis zum 31.12.2024 ein. Bis dahin darf das bisherige, nicht verfassungskonforme Verfahren weiterhin Anwendung finden.

Mit dem Grundsteuer-Reformgesetz (GrStRefG) vom 26. November 2019 (Bundesministerium der Finanzen 2019) wurde der Gesetzgeber innerhalb der vorgegebenen Frist aktiv und setzte die Vorgaben des Bundesverfassungsgerichtes um. Allerdings ergibt sich aus dem zu diesem Grundsteuer-Reformgesetz ergangenen Schreiben des Bundesfinanzministeriums vom 20. Dezember 2021, dass die einzelnen Länder unterschiedliche Grundsteuermodelle anwenden dürfen. Allein schon aus diesem Grund ist zu befürchten, dass diese Neuregelung in naher Zukunft ebenfalls unsere Verfassungsrichter beschäftigen wird. Das Chaos ist augenscheinlich bereits programmiert. Dies ist m. E. ein Paradebeispiel dafür, wie lückenhaft und in weiten Bereichen auch geradezu dilettantisch in Deutschland manche Steuergesetze auf den Weg gebracht werden und welche Hemmnisse der Föderalismus in diesem Zusammenhang bereiten kann.

6

Oboluspflicht

Zusammenfassung In einem strukturierten Aufbau wird der Kreis der oboluspflichtigen Personen dargestellt, seien es natürliche Personen, juristische Personen oder Personengesellschaften. Für jeden Oboluspflichtigen werden die jeweiligen Besonderheiten herausgearbeitet. In diesem Kontext wird auch die Besteuerung von politischen Parteien angesprochen. Im Zusammenhang mit den Erläuterungen zu den Kapitalgesellschaften wird die geplante Mindeststeuer für Unternehmen ausführlich unter die Lupe genommen und mit dem Obolusverfahren verglichen.

Jeder, der im Geltungsbereich des Grundgesetzes der Bundesrepublik Deutschland Einnahmen der im Obolusgesetz bezeichneten Art erzielt, ist oboluspflichtig. Was im Einzelnen zu diesen Einnahmen zählt, wird in Kap. 10

eingehend erläutert. Zu diesen oboluspflichtigen Personen zählen insbesondere:

- natürliche Personen
- juristische Personen
- Personengesellschaften
- Genossenschaften
- Vereine
- Stiftungen
- rechtsfähige Anstalten (z. B. Sparkassen)
- politische Parteien

Natürliche Personen
Bei natürlichen Personen greift derzeit im Rahmen der Einkommensteuer eine unbeschränkte Steuerpflicht in der Regel nur dann, wenn diese Person ihren Wohnsitz oder ihren gewöhnlichen Aufenthalt im Inland hat. In Zukunft spielen diese Kriterien keine Rolle mehr. Jede natürliche Person, die hier in der Bundesrepublik Deutschland Einnahmen im Sinne des Obolusgesetzes erzielt, unterliegt der Oboluspflicht. Wir unterscheiden auch nicht mehr zwischen beschränkter und unbeschränkter Steuerpflicht. Auch das Alter der Person ist ohne Bedeutung. Dies gilt übrigens bereits bisher bei der Einkommensteuer. Wenn ein Minderjähriger beispielsweise eine Immobilie erbt und ihm daraus Mieteinnahmen zufließen, sind diese Mieteinnahmen unabhängig vom Alter des Beziehers als Einkünfte aus Vermietung und Verpachtung einkommensteuerpflichtig. Die steuerliche Erfassung von natürlichen Personen, die ihren Wohnsitz in Deutschland haben, wird die Finanzverwaltung wie bereits in der Vergangenheit vor keine nennenswerten Probleme stellen.

Wie gehen wir aber vor, wenn eine ausländische natürliche Person hier in Deutschland oboluspflichtige Einnahmen generiert? Solche Fälle haben wir heutzutage bereits bei der Umsatzsteuer. Personen oder Unternehmen, die im Inland weder einen Sitz noch eine Geschäftsleitung haben, aber in Deutschland unternehmerisch tätig sind, müssen die Umsatzsteuer bei einem deutschen Finanzamt anmelden, die Steuer abführen und eine Steuererklärung abgeben. Zu diesem Zweck muss der Unternehmer sich bei dem dafür zuständigen Finanzamt (siehe § 21 Abs. 1 Abgabenordnung) registrieren lassen. Ein solches Verfahren könnte man mühelos auf die Oboluserfassung übertragen.

Wenn eine natürliche Person, die ihren Wohnsitz in der Bundesrepublik Deutschland innehat, im Ausland (z. B. USA) Einnahmen erzielt (z. B. aus der Vermietung einer Immobilie), so ist das ein Vorgang, der nicht vom deutschen Obolus erfasst wird. Es wird ausschließlich auf die Einnahmen abgestellt, die hierzulande erwirtschaftet werden. Demzufolge gibt es auch keinen Progressionsvorbehalt für ausländische Einkünfte, so wie wir das heute bei der Einkommensteuer kennen.

Ein Tennisspieler zum Beispiel, der seinen Wohnsitz (vermutlich aus steuerlichen Gründen) in Monaco unterhält und in Hamburg ein Turnier bestreitet, muss seine Prämie voll dem Obolus unterwerfen. Aufwendige Prüfungen bezüglich beschränkter oder unbeschränkter Steuerpflicht (183-Tage-Regel) gehören der Vergangenheit an. Ein britischer Rockstar, der bei einem Konzert in Berlin sein Publikum begeistert, erfreut auch das Herz unseres Finanzministers, da diesem ein entsprechender Obolus zufließt.

Juristische Personen
Wie die zuvor genannten natürlichen Personen stellen juristische Personen (überwiegend Gesellschaften mit beschränkter Haftung und Aktiengesellschaften) obolusrelevante Steuersubjekte dar. Soweit diese Gesellschaften ihren Sitz im Inland haben, werden sie bei dem zuständigen

Finanzamt zum Obolus veranlagt. Für das Unternehmen wird nur eine einzige Steuererklärung abgegeben, nämlich die Oboluserklärung. Gewerbesteuer- und Umsatzsteuererklärung werden hinfällig. Ebenso entfällt die Pflicht zur Abgabe der Körperschaftsteuererklärung. Die Aussicht darauf ließe wohl so manche Herzen höherschlagen.

Gesellschaften, die ihren Sitz im Ausland (zum Beispiel auf den Bahamas) haben, aber in Deutschland Betriebsstätten unterhalten, müssen für jede einzelne Betriebsstätte eine Oboluserklärung abgeben und die Einnahmen, die in der jeweiligen Betriebsstätte generiert werden, dem Betriebsstätten-Finanzamt gegenüber deklarieren.

Nun werden Sie vielleicht fragen, warum die Meldung für jede Betriebsstätte erfolgen soll? Man könnte ja auch alle deutschen Betriebsstätten der ausländischen Gesellschaft in einer einzigen Erklärung zusammenfassen. Damit entstünde der Finanzverwaltung weniger Verwaltungsaufwand und der zu veranlagenden Gesellschaft natürlich auch. Ich misstraue allerdings (aus gutem Grund) solchen Global Playern. Wenn man den genannten Gebilden die entsprechende Gelegenheit bietet, werden sie diese vermutlich auch nutzen und die Einnahmen solange hin- und herschieben, bis hier im Inland nichts mehr übrigbleibt. Unter diesem Aspekt erscheint mir eine unmittelbare Besteuerung an der Quelle im Sinne einer zutreffenden Oboluserhebung zielführender.

Nehmen wir zum Beispiel eine international operierende Kaffeehauskette: Durch die Abführung von Lizenzgebühren oder Darlehenszinsen an eigene, im Ausland ansässige Tochterunternehmen werden in der Bundesrepublik erwirtschaftete Rekordgewinne kleingerechnet. Damit ist mit der Einführung des Obolus Schluss. Wenn ein solches Unternehmen auch nur eine einzige Tasse Kaffee in Deutschland verkauft, ist dafür ein Obolus fällig. Die

Konzernabschlüsse solcher Unternehmen sind aus steuerlicher Sicht bedeutungslos – fortan könnten sie damit ihre Kaffeestuben tapezieren. Die Erfassung der Einnahmen dieser international agierenden Megaunternehmen ist ein wesentlicher Vorteil, der mit der Einführung des Obolus einhergeht. Auf diese Weise machen wir einen Riesenschritt in Richtung Steuergerechtigkeit und auch Steuerehrlichkeit. Diese Konzerne können gern weitere Töchter auf Jamaika, Jersey oder Honolulu gründen, doch es wird sie nicht davor schützen, die Einnahmen, die hierzulande generiert werden, auch hier zu versteuern. Dies hätte die durchaus begrüßenswerte Nebenwirkung, dass dem Fiskus Steuern (Obolus) in Milliardenhöhe zuflössen, die ihm bisher bedauerlicherweise vorenthalten wurden. Dies ist einer der wesentlichen Gründe, warum sich die Abgabe nach den Einnahmen und nicht nach einem Betriebsergebnis richten soll.

Juristische Personen, die ihren Sitz nicht in der Bundesrepublik Deutschland unterhalten, aber dennoch hier Einnahmen erzielen, müssen den gleichen Weg einschlagen wie die zuvor genannten natürlichen Personen. Das heißt: Sie müssen sich bei einem deutschen Finanzamt registrieren lassen.

Exkurs: Globale Mindeststeuer
An dieser Stelle bieten sich aus aktuellem Anlass einige kurze Anmerkungen zu der beabsichtigten **globalen Mindeststeuer für Unternehmen** an. Gemäß dem *BMF-Monatsbericht* Juli 2021

„… haben die G20-Finanzministerinnen und -Finanzminister eine historische Reform der internationalen Unternehmensbesteuerung beschlossen und damit einen bedeutenden Schritt zu mehr Steuergerechtigkeit getan. Die großen, weltweit tätigen Konzerne werden ihren fairen Beitrag zur Finanzierung des Gemeinwesens leisten. Mit der erzielten internationalen Verständigung können sie sich ihrer Steuerpflicht nicht länger durch Verlagerung der Gewinne entziehen. Die Reform umfasst zwei Säulen:

In der ersten Säule hat sich die G20 auf einen Mechanismus verständigt, mit dem die Besteuerungsrechte der größten und profitabelsten Konzerne der Welt, insbesondere der digitalisierten Wirtschaft, neu verteilt werden. Damit werden (Digital-)Konzerne künftig auch dort Steuern zahlen, wo ihre Kundinnen und Kunden oder Nutzerinnen und Nutzer sitzen. Das war bislang nicht der Fall.

Die zweite Säule sieht eine globale Mindestbesteuerung vor, die dem schädlichen Steuerwettbewerb um die geringsten Steuern ein Ende setzen wird. Künftig zahlen Unternehmen einen globalen effektiven Steuersatz von mindestens 15 Prozent auf ihre Gewinne. Den Vorschlag dazu haben Bundesfinanzminister Olaf Scholz und sein französischer Amtskollege Bruno Le Maire vor drei Jahren gemacht und seitdem intensiv beworben." (*BMF-Monatsbericht* vom Juli 2021; Schmidt 2021)

So weit, so gut. Dieser Vorstoß ist durchaus begrüßenswert, das steht außer Frage. Man zielt damit in dieselbe Richtung, die ich mit der Einführung des Obolus ebenfalls anstrebe, nämlich: die steuerliche Erfassung der Global Player an dem Ort, an dem sie tätig sind und an dem sie auch ihre Gewinne erwirtschaften.

Bei einem Vergleich zwischen der geplanten globalen Mindeststeuer für Unternehmen und dem von mir favorisierten Obolusverfahren sehe ich aus den folgenden Gründen den Obolus als die bessere Waffe gegen internationale Steuertricksereien:

Die globale Mindeststeuer richtet sich nach dem Gewinn. In dem von mir zitierten BMF-Monatsbericht kann ich nicht erkennen, wie ein solcher Gewinn definiert wird. Sicherlich wird es zwischen den einzelnen Staaten wie

z. B. Honduras, Japan oder Deutschland signifikante Unterschiede in der Begriffsbestimmung „Gewinn" geben. Hier müsste man sich auf eine gemeinsame Definition einigen, was schwierig sein dürfte. Zudem ist ein Gewinn der Höhe nach immer gestaltbar. Glauben Sie mir bitte: Wenn ein Gewinn in die Hände kreativer Köpfe gerät, verhält er sich wie Schaumstoff, den man je nach Belieben zusammenpressen oder aufblähen (siehe *Wirecard*) kann. Ich vermute und befürchte, dass in Staaten, deren Rechnungslegungsvorschriften und deren Steuergesetze nicht annähernd mit unseren strengen Vorgaben vergleichbar sind, gestalterische Fantasien entwickelt werden könnten, die mit unseren Vorstellungen von Gewinn nicht mehr das Geringste zu tun hätten.

Im Zusammenhang mit der Begriffsbestimmung „Gewinn" taucht bei mir unweigerlich die folgende Frage auf: Wer prüft die Unternehmensangaben, wenn es um die Höhe eines deklarierten Gewinnes geht? Oder verlassen wir uns gutgläubig auf die Angaben des Unternehmens? Das könnte fatal enden. Sollte eine Prüfung stattfinden: Wer wird für eine solche Prüfung zuständig sein? Nehmen wir einmal exemplarisch an, das Unternehmen unterhielte seinen Sitz auf den Bahamas und erklärte eine schwarze Null. Verlassen wir uns in einem solchen Fall auf die Seriosität und Integrität der dortigen Finanzbehörden oder senden wir externe Prüfer in die Karibik? Letzteren könnte man nur ein herzliches *toi toi toi* mit auf den Weg geben.

Aus diesem Grund bevorzuge ich das Obolusverfahren, das sich an den Einnahmen ausrichtet. Als Praktiker darf ich Ihnen verraten, dass den Gestaltungsmöglichkeiten bezüglich der Höhe der Einnahmen wesentlich engere Grenzen gesetzt sind als bei der Ausformung des Gewinns.

Zudem sollen von der globalen Mindeststeuer nur multinationale Konzerne mit mehr als 750 Millionen Euro

Jahresumsatz erfasst werden. Warum diese Einschränkung? Wir schrecken nicht davor zurück, von einem deutschen Kleinunternehmer, der hierzulande bescheidene Gewinne erwirtschaftet, Steuern zu erheben. Dieses *Steuerzahlungsprivileg* sollte meines Erachtens für alle gelten, also auch für solche Global Player, die beispielsweise „nur" 100 Millionen Euro Jahresumsatz erzielen. Alles andere würde nicht dem von mir angestrebten Gerechtigkeitsprinzip entsprechen.

Kommen wir nach diesem Exkurs zur globalen Mindeststeuer für Unternehmen wieder zurück zu den Kapitalgesellschaften.

Kapitalgesellschaften
Auf der Ebene der juristischen Person erfolgt die Besteuerung der Einnahmen, wie zuvor geschildert. Betrachten wir nun die Ebene der Gesellschafter. Dies können natürliche Personen sein, wie zum Beispiel GmbH-Gesellschafter oder Aktionäre. Es können selbstverständlich auch juristische Personen an juristischen Personen beteiligt sein. Dies ist exemplarisch der Fall, wenn eine Gesellschaft mit beschränkter Haftung Aktien einer börsennotierten Aktiengesellschaft hält.

Wenn eine Gesellschaft mit beschränkter Haftung an ihre Gesellschafter Gewinnausschüttungen leistet, so stellen diese Ausschüttungen beim Empfänger Einnahmen dar, die dem Obolus unterliegen. In dem Fall spielt es keine Rolle, ob der Empfänger eine natürliche oder eine juristische Person ist.

Gleichermaßen verhält es sich, wenn Aktiengesellschaften an ihre Aktionäre Dividenden zahlen. Der Dividendenempfänger erzielt Einnahmen im Sinne des Obolusgesetzes.

6 Oboluspflicht

Die Gesellschaft mit beschränkter Haftung oder die Aktiengesellschaft muss dem Einnahmen-Empfänger eine Obolusbescheinigung ausstellen. Auf diese Bescheinigung werde ich in Kap. 13 mit meinen Ausführungen zur *Einnahmenbescheinigung für Oboluszwecke – EBOZ* näher eingehen. Soviel sei aber schon jetzt verraten: Die Bescheinigung wird keine anrechenbaren Steuern ausweisen. Hier wirken noch die schlechten Erfahrungen aus den *Cum-Ex-Geschäften* nach. Sobald eine anrechenbare Steuer bescheinigt wird, werden bei einem bestimmten Personenkreis Begierden geweckt, die sich mit einem seriösen Besteuerungsverfahren nicht in Einklang bringen lassen (siehe auch Kap. 2, Ausführungen zum Vorsteuerabzug).

Personengesellschaften

Die überwiegende Anzahl der hier tätigen Personengesellschaften (Gesellschaften des bürgerlichen Rechts, Offene Handelsgesellschaften, Kommanditgesellschaften) unterhält in Deutschland ihren Sitz. Sollte dies nicht der Fall sein, so hat – wie in den genannten Fällen von natürlichen und juristischen Personen – eine Registrierung zu erfolgen.

Eine Sonderrolle innerhalb der Personengesellschaften nimmt die *Stille Gesellschaft* ein. Sie stellt eine besondere Form der *Gesellschaft des bürgerlichen Rechts* dar. Hier wird noch zwischen *Typischer stiller Gesellschaft* und *Atypischer stiller Gesellschaft* unterschieden.

Verfahrensmäßig werden Personengesellschaften für Zwecke des Obolus so behandelt, wie es heutzutage für Einkommensteuerzwecke bereits praktiziert wird. Es erfolgt eine einheitliche und gesonderte Feststellung (vergleiche § 180 Abgabenordnung) der Einnahmen im Sinne des Obolusgesetzes. Das bedeutet: Jeder Person, die an der Gesellschaft beteiligt ist, wird der auf sie entfallende Anteil an den Einnahmen zugewiesen. Das Finanzamt übernimmt diesen „Einnahmenanteil" sodann im Rahmen der persönlichen Obolusveranlagung des Einnahmen-Empfängers.

Genossenschaften
Die Genossenschaften gelten als Exoten innerhalb des deutschen Steuerrechts. Sie werden oftmals als eine Sonderform der Weiterentwicklung des *Wirtschaftlichen Vereins* betrachtet. Gelegentlich geben sie den Anschein einer Mischung aus Kapitalgesellschaft und Verein. Nach § 17 des Genossenschaftsgesetzes ist die eingetragene Genossenschaft eine juristische Person. Ohne auf die Besonderheiten des Genossenschaftsrechtes einzugehen, was den Rahmen dieser Abhandlung sprengen würde, gelten im Rahmen des Obolusverfahrens die gleichen Vorgehensweisen, wie bei den juristischen Personen (s. o.). Im Falle einer gemeinnützigen Genossenschaft gelten ergänzend die folgenden Ausführungen zu den gemeinnützigen Vereinen.

Vereine und Stiftungen
Hier haben wir neben den ausschließlich wirtschaftlich orientierten und agierenden Vereinen natürlich den Bereich der gemeinnützigen Vereine im Auge zu behalten. Im Moment stellt sich die Situation vereinfacht dargestellt folgendermaßen dar:

Soweit der Verein seine gemeinnützigen Zwecke verfolgt, bewegt er sich im körperschaftsteuerbefreiten Bereich. Gleichwohl wird er nicht von anderen Steuern verschont. Wenn der Verein Handwerkerleistungen in Anspruch nimmt, wird Umsatzsteuer fällig. Wenn das vereinseigene Fahrzeug betankt wird, ist neben der Umsatzsteuer mittelbar die Mineralölsteuer zu zahlen. Daneben zahlt der Verein auch die Kraftfahrzeugsteuer und vermutlich auch indirekt Biersteuer. Also: So ganz ohne Steuer kommt zurzeit

auch ein steuerbefreiter Verein nicht davon. Ähnliches gilt auch für Stiftungen.
Egal, ob gemeinnütziger oder wirtschaftlicher Verein. Beide werden vom Obolus erfasst. Hier gilt es nun, im Rahmen der Obolusklassen entsprechende Vergünstigungen zu schaffen, die der heutigen Körperschaftsteuerbefreiung entsprechen. Zudem lässt sich auch mit Freibeträgen innerhalb der Obolusklassen für Vereine oder Stiftungen das gewollte Ergebnis gestalten.

Rechtsfähige Anstalten
Hierzu verweise ich auf meine Ausführungen zu den juristischen Personen, die auch hier sinngemäß anzuwenden sind.

Politische Parteien
Politische Parteien dürfen sich selbstverständlich auch am Obolus beteiligen. Soweit Parteien durch staatliche Zuschüsse unterstützt werden, müsste eine Befreiung vom Obolus greifen. Denn in Fällen, in denen der Zuschussgeber und der Obolusnehmer identisch sind, ergibt die Besteuerung keinen Sinn. Anders sieht es allerdings mit den Parteispenden aus. Diese sind selbstverständlich Einnahmen, die dem Obolus unterliegen. Hier kommt zum wiederholten Mal das Thema *Gerechtigkeit* ins Spiel. Wenn man einem hart arbeitenden Menschen einen Obolus zumutet, wird man dies wohl auch einem Spendenempfänger zumuten dürfen. Wenn ich mir vor Augen führe, für welchen kleinkarierten Unfug (Verteilung von Kugelschreibern oder Luftballons bei Wahlkampfveranstaltungen) die Parteispenden gelegentlich Verwendung finden, fällt es mir auch gar nicht schwer, die Oboluspflicht auf Parteispenden auszudehnen.

7

Spenden

Zusammenfassung Da solche einkommensteuerlichen Instrumente wie der Sonderausgabenabzug im Rahmen des Obolusverfahrens nicht mehr greifen werden, gilt es, den bisherigen Spendenabzug und die damit verbundenen Einkommensteuervorteile in ihrer steuerlichen Auswirkung in das Obolusverfahren zu transformieren. Dieses Ziel wird mit der Bildung einer Obolusgutschrift erreicht.

Im Zusammenhang mit der Oboluspflicht für Vereine, Stiftungen und Parteien taucht unweigerlich die Frage nach der steuerlichen Behandlung von Spenden auf. Bisher sind Spenden an gemeinnützige Einrichtungen im Rahmen der Einkommensteuererklärung als Sonderausgaben abzugsfähig und mindern somit die festzusetzende Einkommensteuer des Spenders.

Nach § 34g des Einkommensteuergesetzes gilt ein Privileg für Parteispenden (warum eigentlich?) in der Weise, dass 50 Prozent des gespendeten Betrages unmittelbar von der Einkommensteuer abgezogen werden können, dies bis zu einem Höchstbetrag von 1650 Euro. Spenden, die darüber hinausgehen, mindern als Sonderausgaben das Einkommen des Steuerpflichtigen wie alle anderen Spenden auch.

In Kap. 1 habe ich bereits darauf hingewiesen, dass es im Rahmen des Obolusverfahrens grundsätzlich keine Sonderausgaben oder ähnliche steuerliche Abzugsbeträge mehr geben wird. Solche Abzugsbeträge wären in Bezug auf die angestrebte Vereinfachung unseres Besteuerungssystems kontraproduktiv und zudem im Rahmen des Obolusverfahrens systemfremd.

Nun darf man jedoch nicht außer Acht lassen, dass die gemeinnützigen Vereine auf Spenden angewiesen sind, damit sie überhaupt in die Lage versetzt werden, ihren satzungsgemäßen Auftrag zu erfüllen. Die Versagung der steuerlichen Abzugsfähigkeit solcher Spenden würde zwangsläufig zu einer signifikanten Einschränkung der Spendenbereitschaft bei den Bürgern führen. Dies könnte vielen Vereinen den finanziellen Boden unter den Füßen wegziehen. Die Tätigkeit der gemeinnützigen Vereine ist in weiten Bereichen systemrelevant und staatstragend. Es liegt also im Interesse von uns allen, dass solche Einrichtungen erhalten bleiben.

Diese Ausgangslage rechtfertigt meines Erachtens die Installation einer der ganz, ganz wenigen Ausnahmen in dem angestrebten Obolusverfahren.

Mir schwebt dabei Folgendes vor
Der Verein stellt, wie schon in der Vergangenheit, eine Spendenbescheinigung aus. Da das von der Einkommensteuer bekannte Veranlagungsverfahren nicht mehr greift, sollte der im Rahmen der Obolusveranlagung ermittelte Obolus um einen Teil der vom Oboluspflichtigen getätigten

7 Spenden

Spenden gekürzt werden. Hierbei denke ich an eine Größenordnung von 25 Prozent. Wenn also jemand 100 Euro an eine gemeinnützige Einrichtung spendet, erhält er dafür im Rahmen seiner jährlichen Veranlagung eine Obolusgutschrift in Höhe von 25 Euro. Der jedem Oboluspflichtigen im Rahmen seiner Obolusklasse zugewiesene Obolussatz hat keinen Einfluss auf die Höhe der Obolusgutschrift für Spenden.

Die Obolusgutschrift für Spenden gilt für natürliche Personen und ebenso auch für juristische Personen. Eine besondere Vergünstigung für Parteispenden wird es innerhalb dieses Verfahrens nicht geben, da sich deren Notwendigkeit m. E. nicht erkennen lässt.

Ohne an dieser Stelle bestimmte Vereine und deren Zwecke explizit zu nennen, rege ich an, im Rahmen der Einführung des Obolus und der damit einhergehenden Regelung für den Abzug von Spenden die bisherige Einstufung der Gemeinnützigkeit und die dafür zugrunde liegenden Beurteilungskriterien grundsätzlich einmal einer kritischen Prüfung zu unterziehen.

8
Kindergeld

Zusammenfassung Ob die Zahlung von Kindergeld dem angestrebten Ziel der Kinderförderung gerecht wird, ist fraglich. Mit der Abschaffung des Kindergeldes und der alternativen Gewährung von Sachleistungen wird Neuland betreten. Diese vorgeschlagene Regelung wäre ein Riesenschritt in Richtung der von vielen Seiten gewünschten Chancengleichheit für alle Kinder, die ihren Wohnsitz in der Bundesrepublik Deutschland haben.

Die Kinderfreibeträge, so wie wir sie heute aus unserem Einkommensteuerveranlagungsverfahren kennen, wird es beim Obolus systembedingt nicht geben. Das hat zwangsläufig zur Folge, dass die Günstigerprüfung nicht mehr durchgeführt werden kann. Diese Prüfung soll, stark vereinfacht ausgedrückt, feststellen, was für den Steuerpflichtigen im Rahmen der Einkommensteuerveranlagung günstiger ist: Die Auszahlung des Kindergeldes oder die Gewährung eines Kinderfreibetrages. In Zukunft bliebe demnach einzig und allein die Zahlung des Kindergeldes.

Dabei könnte man es belassen, getreu dem Motto: Das haben wir schon immer so gemacht. Man könnte sich allerdings auch einmal grundlegende Gedanken darüber machen, ob die Gewährung von Geldleistungen für Kinder der richtige Weg ist oder ob es nicht vielleicht andere, sinnvollere Wege gibt, Kinder zu fördern und deren Eltern finanziell und auch zeitlich zu entlasten.

Man darf nicht die Augen davor schließen, dass ähnlich wie bei dem von mir skizzierten Vorsteuerbetrug und den *Cum-Ex-Geschäften*, die Gewährung von Geldleistungen Begehrlichkeiten weckt und gewisse Personen, deren Rechtsempfinden verbesserungswürdig sein dürfte, zu fantasievollen Gestaltungen inspiriert.

Ich gehe davon aus, dass der weitaus größte Teil der gezahlten Kindergelder selbstverständlich von den Eltern zweckgebunden verwendet wird und den Kindern tatsächlich zugute kommt. Zu diesem Ergebnis gelangt ebenfalls eine Studie der *Bertelsmann Stiftung* vom 21.11.2018 (Stein et al. 2018) Diese führt zu der Feststellung, dass die Zweckentfremdung von Kindergeld in sozialschwachen Familien zwar vorkommt, aber eher die Ausnahme darstellt.

Allerdings darf man nicht übersehen, dass sich die Fälle mehren, in denen kriminelle Banden zielgerichtet und regelrecht gewerbsmäßig Kindergeldbetrug betreiben (Schäfers 2018). Mit der Gewährung von Sachleistungen würde solchen und ähnlichen Machenschaften ein Riegel vorgeschoben.

Aus diesem und auch aus anderen Gründen plädiere ich für die vollständige Abschaffung des Kindergeldes in seiner heutigen Ausprägung.

Nun wird vermutlich ein Aufschrei der Entrüstung zu vernehmen sein und man wird mich an den Pranger stellen wollen. Doch ich kann Ihnen eine sinnvolle Alternative anbieten. Warum verabschieden wir uns nicht von den bislang gewährten Geldleistungen, die nicht immer für das verwendet werden, für das sie bestimmt sind, und gehen über zur Abgabe von Sachleistungen?

Wenn wir wirklich möchten, dass alle Kinder in unserem Land unabhängig von ihrem sozialen Status die gleichen Chancen bekommen, müssen wir ihnen auch die gleichen Ausgangsvoraussetzungen schaffen. Das bedeutet, dass jedes Kind, das seinen Wohnsitz im Geltungsbereich des Grundgesetzes der Bundesrepublik Deutschland hat, zukünftig kostenlosen Anspruch hat auf:

- einen Kindergartenplatz mit Gewährung eines Frühstücks und eines Mittagessens
- einen Schulplatz (den Fähigkeiten des Kindes entsprechend) mit Gewährung eines Frühstücks und eines Mittagessens sowie Gestellung von Schulkleidung
- Lernmittelfreiheit
- Mitgliedschaft in einem Sportverein, einschließlich der Gestellung der Sportgeräte- und -kleidung
- Mitgliedschaft in einer Musikschule mit Gestellung eines Musikinstrumentes
- einen Studienplatz (soweit Qualifikation vorhanden) mit Gewährung eines Frühstücks und eines Mittagessens und Lernmittelfreiheit, allerdings beschränkt bis zur Vollendung des 25. Lebensjahrs.

Wenn jemand den Begriff *Chancengleichheit* für unsere Kinder wirklich ernst meint, dann wird er sich ohne Wenn und Aber intensiv mit diesem Vorschlag auseinandersetzen müssen. Ich bin mir sicher, dass wir es mit einer solchen Gestaltung schaffen, nahezu allen Kindern die gleichen Chancen zu bieten und sie ihren Fähigkeiten und Neigungen entsprechend zu fördern und auszubilden. Dies wäre mit Sicherheit zum Vorteil für eine zukünftige positive Entwicklung unserer gesamten Gesellschaft.

9

Oboluserklärung

Zusammenfassung Im Rahmen des Obolusverfahrens wird zukünftig nur noch eine einzige Steuererklärung (= Oboluserklärung) abzugeben sein. In diesem Zusammenhang werden Eheleute, die bisher eine gemeinsame Einkommensteuererklärung abgegeben haben, von der Zusammenveranlagung Abschied nehmen müssen. Es wird auch keinen Splittingtarif mehr geben. Im Laufe des Kalenderjahres werden künftig sogenannte Obolusvoranmeldungen, in denen die Einnahmen unterjährig erklärt werden müssen, abzugeben sein. Das Besteuerungsverfahren wird gestrafft und vereinfacht. Allerdings verlangt es vom Oboluspflichtigen künftig erheblich mehr Disziplin bei der Einhaltung von Fristen.

Natürliche und juristische Personen, Personengesellschaften, Genossenschaften, Vereine, Stiftungen, rechtsfähige Anstalten und politische Parteien müssen grundsätzlich eine jährliche Oboluserklärung abgeben.

Bei natürlichen Personen sollte unabhängig davon, ob Einnahmen bezogen werden oder nicht, eine Erklärungspflicht ab dem 18. Lebensjahr gelten. Diese generelle Pflicht kann jedem Bürger angesichts der Tatsache, dass die Oboluserklärung kinderleicht zu erstellen ist, bedenkenlos zugemutet werden.

Natürliche Personen unter 18 Jahren, beziehungsweise deren gesetzliche Vertreter, müssen nur dann eine Erklärung abgeben, wenn sie oboluspflichtige Einnahmen erzielen.

Die Oboluserklärung bilden, wie wir das bereits heute bei der Einkommensteuererklärung oder auch bei der Körperschaftsteuererklärung kennen, ein Mantelbogen und die jeweiligen Anlagen. Der Mantelbogen besteht aus einem einzigen Blatt (2 Seiten also), auf dem lediglich die grundsätzlichen Angaben wie Personalien, Bankverbindung und Hinweis auf die Anlagen anzugeben sind. Für jede Obolusklasse wird eine Anlage (lediglich 1 Blatt) dem Mantelbogen beigefügt. Anders als heute bei der Einkommensteuer gibt es keine Zusammenveranlagung von Ehegatten. Jede natürliche Person, die das 18. Lebensjahr vollendet hat, ist zur Abgabe einer Oboluserklärung verpflichtet. Ich finde, die Zusammenveranlagung entspricht nicht mehr unserem heutigen Rollenverständnis zwischen Mann und Frau. Die Zusammenveranlagung stammt aus einer Zeit, in der der Mann arbeiten ging und die Frau für die Kinder und den Haushalt verantwortlich zeichnete. Von diesem Rollenbild haben wir uns gottlob schon seit geraumer Zeit verabschiedet. Es entspricht unserem heutigen Verständnis von Gleichberechtigung, dass jeder Partner, ob männlich oder weiblich, seine eigene Oboluserklärung abgibt. In diesem Zusammenhang ergibt sich von selbst, dass der Obolus keinen Splittingtarif kennt.

Ergänzend weise ich darauf hin, dass in der Regel Ehepartner getrennte Vermögen führen (mit Ausnahme der äußerst selten anzutreffenden Gütergemeinschaft). Angesichts dieses Aspektes erscheint mir eine *getrennte Obolusveranlagung* als die logische Konsequenz. Zudem muss ich wie auch an anderen Stellen darauf hinweisen, dass der Obolus ja nicht nur die Einkommensteuer, sondern auch alle übrigen Steuern abdecken soll. Deshalb müssen wir der Zusammenveranlagung den Laufpass geben. Schließlich kennen wir bei der Kraftfahrzeugsteuer, der Grundsteuer und bei allen übrigen Steuern auch keine Zusammenveranlagung.

Erklärungszeitraum ist das Kalenderjahr. Für Unternehmen, die ein vom Kalenderjahr abweichendes Wirtschaftsjahr (häufig z. B. bei Apotheken) haben, ist das Erklärungsjahr das Jahr, in dem das abweichende Wirtschaftsjahr endet.

Nach dem derzeit geltenden Umsatzsteuerrecht müssen Unternehmer in monatlichen *Umsatzsteuervoranmeldungen* ihre Umsätze gegenüber dem Finanzamt erklären. Ähnliches soll auch für den Obolus gelten. Auch hier müssen selbstständig agierende Personen ihre oboluspflichtigen Einnahmen über eine *Obolusvoranmeldung* monatlich dem Finanzamt melden und den entsprechenden Obolus abführen. Die Abgabepflicht von Voranmeldungen betrifft bisher nur Unternehmer, die umsatzsteuerpflichtige Umsätze anzumelden haben. Der Kreis der *Obolusvoranmelder* wird dagegen wesentlich weiter gezogen und erfasst zukünftig selbstverständlich auch Ärzte, Vermieter und andere Personen, die Einnahmen aus selbstständiger Tätigkeit beziehen oder denen aus anderen oboluspflichtigen Bereichen Einnahmen zufließen.

Mit der Ausdehnung der Abgabepflicht von *Obolusvoranmeldungen* könnte man weite Bereiche, für die man bisher die Einkommensteuer im Vorauszahlungsverfahren erhebt, abdecken.

Die Abgabe der Oboluserklärung hat spätestens bis zum 30. Juni des dem Erklärungszeitraum folgenden Jahres zu erfolgen. Fristverlängerungen zur Abgabe der Oboluserklärung über den 30. Juni hinaus sollen nur noch in ganz besonderen, begründeten Einzelfällen gewährt werden. Damit möchte ich der heutzutage üblichen Praxis entgegenwirken, dass Steuererklärungen erst nach einem Jahr oder noch später abgegeben werden. Angesichts der Tatsache, dass die Ermittlung der Bemessungsgrundlage für den Obolus ein ganz einfaches Unterfangen darstellt, das im Grunde mit einem Mausklick zu bewerkstelligen ist, fehlt mir jedes vernünftige Argument, warum die Abgabe der Erklärung erst nach einem Jahr und nicht bereits ein paar Wochen nach Abschluss des Geschäftsjahres möglich sein sollte. Zudem sollte jeder seriöse Kaufmann bestrebt sein, ohne Rücksicht auf bestehende steuerliche und auch handelsrechtliche Vorschriften und Fristen seinen Jahresabschluss frühzeitig zu erstellen, da dieser ein wichtiges Instrument für die Unternehmensführung- und Lenkung darstellt.

Nach der heutigen Regelung in § 152 Abgabenordnung kann bei verspäteter Abgabe einer Steuererklärung ein Verspätungszuschlag festgesetzt werden. Diese Kann-Vorschrift sollte wegen der Einfachheit des Obolusverfahrens in eine Muss-Vorschrift umgewandelt werden. Damit möchte ich eine größere Disziplin in das Besteuerungsverfahren bringen und eine zügige Veranlagung erreichen. Überspitzt formuliert, verbringen manche Steuerberater heutzutage mehr Zeit mit der Begründung von Fristverlängerungsanträgen als mit der Beratung ihrer Mandanten.

Eine zügige Veranlagung sollte das Ziel aller Beteiligten sein und liegt auch im Interesse aller Mitwirkenden, also des Finanzamts und der Oboluspflichtigen. Sie führt auf beiden Seiten zu einer gewissen Planungssicherheit.

9 Oboluserklärung

Im Zusammenhang mit der soeben erwähnten Disziplin innerhalb des Besteuerungsverfahrens schwebt mir auch eine Verschärfung der Ahndung von Verstößen gegen die Abgabefristen von *Obouluserklärungen*, insbesondere von *Obolusvoranmeldungen* vor. Aufgrund der Einfachheit des Obolusverfahrens sehe ich wenige Anlässe, die eine verspätete Abgabe einer *Obolusvoranmeldung* rechtfertigen könnten. Sollten solche besonderen Gründe vorliegen (z. B. schwerwiegende Erkrankung des Pflichtigen, langfristiger Ausfall der EDV oder Verlust von Unterlagen infolge von Naturkatastrophen), kann der Abgabepflichtige einen entsprechenden Fristverlängerungsantrag stellen.

Für eine unbegründete verspätete Abgabe oder gar eine Nichtabgabe gilt Folgendes
Wenn innerhalb eines Zeitraums von 12 Monaten eine monatlich abzugebende *Obolusvoranmeldung* mehr als zweimal unbegründet nicht oder verspätet abgegeben wird, rutschen wir von dem Verspätungszuschlag (= Ordnungswidrigkeit) in das Bußgeld (= Strafverfahren). Dies mag auf den ersten Blick sehr rigoros wirken, doch bedenken Sie bitte, dass wegen der Einfachheit des neuen Besteuerungsverfahrens grundsätzlich *andere Spielregeln* gelten müssen als die, die dem jetzigen komplexen Steuersystem zwangsläufig geschuldet sind.

Neben der Festsetzung der genannten Zwangsmittel hat die Finanzverwaltung selbstverständlich wie bereits heute zusätzlich die Möglichkeit, die Besteuerungsgrundlagen zu schätzen.

10

Oboluspflichtige Einnahmen

Zusammenfassung Was zählt zu den Einnahmen im Sinne des Obolus? Im Rahmen der Definition des Begriffes „Einnahmen" wird erkennbar, dass handelsrechtliche und steuerrechtliche Bewertungsmaßnahmen, die bisher als ein beliebtes Instrument zur Lenkung des steuerlichen Betriebsergebnisses eingesetzt wurden, keine steuerliche Wirkung mehr entfalten können. Die Ausrichtung des Obolus nach den Einnahmen führt zwangsläufig zu einer sauberen Trennung zwischen Steuer- und Handelsrecht. Der zukünftige Obolus soll weite Bereiche des Kapitalverkehrs als eine Art Finanztransaktionssteuer erfassen. Zudem werden zukünftig in großem Umfang Einnahmen, die bisher von Ertragsteuern verschont blieben, wie zum Beispiel Lotteriegewinne oder Grundstücksverkäufe, der Besteuerung zugeführt.

Selbstverständlich lassen sich nachfolgend nicht alle oboluspflichtigen Einnahmen abschließend aufzählen. Die

Darstellung muss sich zwangsläufig auf die wesentlichen und am häufigsten anzutreffenden Einnahmenbereiche beschränken.

Grundsätzlich gilt das Folgende
Als Einnahmen gelten in der Regel nur solche Vorgänge, denen Zahlungsströme oder die Entstehung von Forderungen gegenüberstehen. Bewertungsrechtliche Maßnahmen innerhalb eines Jahresabschlusses, wie zum Beispiel:

- Erträge aus der Auflösung von Rückstellungen
- Erträge aus der Veränderung von Wertberichtigungen
- Auflösung von Rücklagen
- Bestandsveränderungen fertiger oder unfertiger Erzeugnisse
- aktivierte Eigenleistungen

zählen nicht zu den Einnahmen im Sinne des Obolusgesetzes. Zu den zuvor genannten Wertberichtigungen gilt ergänzend das Folgende:

In dem Augenblick, in dem eine Forderung (z. B. aus Warenverkäufen) gebucht wird, entsteht eine oboluspflichtige Einnahme. Sollte sich später herausstellen, dass die Werthaltigkeit dieser Forderung nicht mehr vollständig oder nur noch teilweise gegeben ist, hat handelsrechtlich aus Gründen des Gläubigerschutzes eine entsprechende Wertberichtigung zwingend zu erfolgen. Diese Wertberichtigung wirkt sich im Zeitpunkt ihrer Bildung auf das Betriebsergebnis, nicht aber auf den Obolus aus. Eine Minderung der Bemessungsgrundlage für die Ermittlung des Obolus darf erst in dem Zeitpunkt vorgenommen werden, wenn endgültig feststeht, ob und in welcher Höhe mit einem Forderungsausfall zu rechnen ist. Damit möchte ich Gestaltungsspielräumen, die sich in diesem Bereich an-

10 Oboluspflichtige Einnahmen

bieten und die darauf ausgerichtet sind, eine Art „Steuer- oder Oboluspause" zu kreieren, einen Riegel vorschieben.

Nun stellt sich zwangsläufig die Frage, wie denn private Nutzungen innerhalb eines Unternehmens behandelt werden sollen. Im Moment werden solche Positionen, wie beispielsweise

- private PKW-Nutzung
- Privatanteil Telefongebühren
- Warenentnahmen für den Eigenbedarf (z. B. Gastronomie)
- Arbeitnehmergestellung für den Privatbereich

im Rahmen der Gewinn- und Verlustrechnung oder bei der Einnahmen-Überschussrechnung als fiktive Einnahmen behandelt, mit der Folge, dass das Betriebsergebnis entsprechend erhöht wird. Ergebnistechnisch bilden diese fiktiven Einnahmen ein Korrektiv zu den als Aufwand geltend gemachten Betriebsausgaben.

Die Bildung solcher fiktiven Einnahmen ist im Obolusverfahren nicht erforderlich, da Betriebsausgaben bei der Bildung der Bemessungsgrundlage für den Obolus nicht relevant sind und demnach auch nicht zu korrigieren sind.

Für jemanden, der jahrzehntelang im Steuerrecht unterwegs war, scheint dieser Ansatz befremdlich. Schließlich hat er sich in der Vergangenheit bei unzähligen Betriebsprüfungen mit den Angehörigen der Finanzverwaltung stundenlang um die Höhe der privaten Nutzungsanteile gestritten (siehe auch meine Ausführungen zur privaten Fahrzeugnutzung in Kap. 2). Dies ist nun hinfällig. Bei konsequenter Anwendung der ausschließlichen Orientierung an den Einnahmen gehören solche Konflikte der Vergangenheit an.

In diesem Zusammenhang weise ich ausdrücklich darauf hin, dass die zuvor geschilderte Handhabung sich ausschließlich im Bereich des Steuerrechts bewegt. Selbstverständlich müssen in der Handelsbilanz die privaten Nutzungsanteile ihre Berücksichtigung finden. Ich hatte schon Kap. 5 darauf hingewiesen, dass die Einführung des Obolus eine saubere Trennung von Handels- und Steuerrecht mit sich bringen wird.

Zu den üblicherweise anzutreffenden oboluspflichtigen Einnahmen gehören bei:

Handelsunternehmen (z. B. Getränkehandel)
- Erlöse aus dem Verkauf von Handelswaren
- Erlöse aus der Veräußerung von Gegenständen des Anlagevermögens
- Sonstige Zinsen und ähnliche Erträge
- Erträge aus Wertpapieren und Ausleihungen
- Sonstige betriebliche Erträge

Fertigungsunternehmen (z. B. Fensterbau)
- Erlöse aus dem Verkauf der produzierten Waren
- Erlöse aus der Veräußerung von Gegenständen des Anlagevermögens
- Sonstige Zinsen und ähnliche Erträge
- Erträge aus Wertpapieren und Ausleihungen
- Sonstige betriebliche Erträge

Handwerksbetrieben (z. B. Elektriker)
- Erlöse aus Handwerkerleistungen
- Erlöse aus dem Verkauf von Handelswaren
- Sonstige Zinsen und ähnliche Erträge
- Erträge aus Wertpapieren und Ausleihungen
- Sonstige betriebliche Erträge

10 Oboluspflichtige Einnahmen

Freiberuflern (z. B. Arzt)
- Honorare von Kassenpatienten
- Honorare von Privatpatienten
- Honorare für Gutachten
- Honorare für Fachvorträge
- Erlöse aus der Veräußerung von Gegenständen des Anlagevermögens
- Sonstige Erträge

Die zuvor aufgezeigten Einnahmen innerhalb der jeweiligen Branchen werden auch heute bereits ertragsteuerlich in diesem Rahmen erfasst. Insoweit erweitert der Obolus nicht den Umfang der bisher bereits als Einnahmen behandelten Vermögensmehrungen.

Vereinen
- Mitgliedsbeiträge
- Spenden
- öffentliche Zuschüsse
- Einnahmen aus wirtschaftlichem Geschäftsbetrieb
- Sonstige Zinsen und ähnliche Erträge
- Erträge aus Wertpapieren und Ausleihungen
- Sonstige Erträge

Generell unterliegen die zuvor für die Vereine aufgeführten Einnahmen dem Obolus und zwar unabhängig davon, ob es sich um einen gemeinnützigen oder einen wirtschaftlich geprägten Verein handelt. In Kap. 6 habe ich allerdings bereits ausgeführt, dass man für die gemeinnützigen Vereine gewisse Privilegien installieren müsste, die in ihrer Konsequenz zu einer Befreiung ihrer im gemeinnützigen Bereich erzielten Einnahmen führen sollten. Hier könnte man an eine Befreiungsvorschrift oder aber auch an großzügige Freibeträge denken.

Sollte der gemeinnützige Verein jedoch wirtschaftliche Aktivitäten entfalten, greift der Obolus. In diesem Fall lässt sich über die Einordnung in eine günstige Obolusklasse ein Ergebnis gestalten, das der heutigen Praxis am nächsten kommt.

Privatpersonen
* Gehalt oder Lohn
* Renten und Pensionen
* Zinsen
* Grundstücksverkäufe (bebaut oder unbebaut)
* Lotteriegewinne
* Erbschaften und Schenkungen
* private Veräußerungsgeschäfte
* Spekulationsgeschäfte

Bei der Einführung des Obolus lasse ich mich, wie bereits an verschiedenen Stellen dieses Buches von mir angedeutet, von zwei Grundprinzipien leiten:

* Gerechtigkeit
* wirtschaftliche Leistungsfähigkeit

Unter Beachtung dieser Vorgaben ergibt sich zwangsläufig, dass Vorgänge, die bisher von Ertragsteuern verschont blieben, wie zum Beispiel Lotteriegewinne oder private Grundstücksverkäufe, nunmehr im Bereich der Oboluspflicht angesiedelt werden müssen. Noch einmal: Die Steuerpflicht darf nicht nur ein Privileg für den arbeitenden Teil unserer Bevölkerung sein. Wenn man einem hart arbeitenden Menschen zumutet, seine daraus resultierenden Bezüge zu versteuern, so muss dies erst recht für Glückspilze gelten, die vom Schicksal mit einem Lottogewinn verwöhnt werden. Dies lässt sich sowohl unter dem Aspekt *Gerechtigkeit* als auch unter dem Prinzip der *wirtschaftlichen Leistungsfähigkeit* rechtfertigen. Ich gehe sogar noch einen Schritt weiter: Unter dem Gesichtspunkt der *Gerechtigkeit* halte ich es für vertretbar, dass der Obolussatz für die Bezüge eines arbeitenden Menschen günstiger sein sollte als der Obolussatz für solche Einnahmen, die nicht mit einer besonderen Arbeitsleistung des Oboluspflichtigen verbunden sind.

In diesen Bereich sind auch Grundstücksveräußerungen anzusiedeln. In der heutigen Zeit, in der die Grundstückspreise förmlich explodieren, werden im privaten Bereich, beispielsweise beim Verkauf von bisher selbst genutzten Immobilien, Riesengewinne erwirtschaftet, die von der Einkommensteuer in der Regel nicht angetastet werden. Unter den bereits mehrfach aufgezeigten Prinzipien der *Gerechtigkeit* und der *wirtschaftlichen Leistungsfähigkeit* ist es zwingend geboten, solche Einnahmen mit einem Obolus zu belegen. Selbstverständlich kann man an die Gewährung von Freibeträgen denken. Dies ändert aber nichts an der generellen Oboluspflicht für derartige Bezüge.

Im Rahmen von Schenkungen und Erbschaften könnte der Obolus ähnlich der heutigen Erbschaftsteuer gestaltet werden und auch im Wesentlichen zur gleichen Belastung für den Pflichtigen führen.

Wenden wir uns jetzt den *Privaten Veräußerungsgeschäften* zu. In dem heutigen Wortlaut von § 23 Einkommensteuergesetz finden sich verschiedene Fristen, die ein privates Veräußerungsgeschäft begründen oder versagen können. Von diesen Fristen möchte ich, zumindest in Hinsicht auf Grundstücksveräußerungen, Abstand nehmen. Wenn jemand einen Vermögensvorteil erlangt, indem er sein Haus, das er vor 20 Jahren für 300.000 Euro erworben hat, heute für 500.000 Euro veräußert, sollte dieser Vorgang ebenso vom Obolus erfasst werden, wie eine Veräußerung, bei der zwischen Anschaffung und Erwerb lediglich ein halbes Jahr liegt. Schließlich geht es um den viel zitierten Grundsatz der *wirtschaftlichen Leistungsfähigkeit*. Diesem Grundsatz wird in beiden Fällen gleichermaßen Rechnung getragen.

Bei den übrigen Wirtschaftsgütern könnte man es, aus Gründen der Praktikabilität, bei der Jahresfrist belassen.

Nun ergibt sich in den zuvor genannten Fällen ein Problem hinsichtlich der Bildung einer Bemessungsgrundlage für den Obolus. Dieser soll sich ja bekanntlich an den Einnahmen orientieren. Eingangs hatte ich erwähnt, dass wir uns von Begriffen wie Gewinn oder Ertrag verabschieden müssen. Gleichzeitig hatte ich aber auch darauf hingewiesen, dass es Ausnahmen geben muss. Die privaten Veräußerungsgeschäfte könnten eine solche Ausnahme rechtfertigen. Unter Umständen könnte man aber auch zweigleisig verfahren. Das bedeutet:

In dem Fall, dass die historischen Anschaffungskosten des veräußerten Wirtschaftsgutes bekannt sind, sollte tatsächlich nur der Unterschied zwischen den Anschaffungskosten und dem Verkaufserlös dem Obolus unterworfen werden. Sollten die Anschaffungskosten nicht mehr ermittelt oder nachgewiesen werden können, wären die erzielten Einnahmen die Bemessungsgrundlage für einen Obolus. Es versteht sich von selbst, dass der Obolussatz für den zweitgenannten Fall wesentlich niedriger sein sollte, als in dem Fall, wo lediglich der Gewinn besteuert wird.

Wenn man sich Gedanken darüber macht, welche Einnahmen denn unter dem Obolus zu subsummieren sind, kommt man unweigerlich zum folgenden Thema.

Kapitalverkehr

Die Börse, so wie wir sie jetzt kennen, verfügt über wenige Gemeinsamkeiten mit der ursprünglichen Intention, einem Kaufmann eine Plattform zu bieten, um Kapital für sein Unternehmen zu akquirieren. Das heutige Geschehen an den Börsen erinnert mich in weiten Bereichen eher an unseriöse Zockereien in dubiosen Spielhallen. Das, was ein grundsolider Kaufmann unter einem seriösen Finanzmarkt versteht, deckt sich häufig nicht mit den teilweise eigenwilligen Finanzgeschäften, die heute ein fast alltägliches Finanzgebaren darstellen. Der weitaus größte Teil der Finanzgeschäfte dient ausschließlich der Spekulation. Sogenannte *Daytrader* sorgen mit ihren digitalen Handelssystemen dafür, dass riesige Summen innerhalb von Sekunden Ausschläge nach oben oder nach unten erleben. *Flashtrader* handeln in millisekundenschnellen Kabeln, setzen damit Milliarden um und haben Stromrechnungen wie Kleinstädte. Man wettet, ähnlich wie auf der Pferderennbahn, auf fallende oder auf steigende Kurse und es werden Leerverkäufe abgerechnet, um nur einige der Blüten zu nennen, die sich unter der Rubrik *Finanzgeschäfte* am Markt gegenseitig überwuchern. Mir widerstrebt solches Geschäftsgebaren, aber es ist nun einmal die Realität und solange die Gier das spekulative Handeln vieler Menschen bestimmt und die Vernunft eine untergeordnete Rolle einnimmt, wird man dies wohl auch zähneknirschend hinnehmen müssen. Hier allerdings könnte der Obolus in vielen Bereichen, wenn beispielsweise Hochgeschwindigkeitshändler innerhalb weniger Sekunden riesige Aktienpakete hin und herschieben, regulativ wirken. Je kurzfristiger ein Anleger agiert, umso häufiger darf er den Obolus entrichten. Investoren, die sich an langfristigen Anlagen orientieren, werden weniger belastet.

Mir schwebt vor, dass der Obolus den Kapitalverkehr erfasst wie einst die Börsenumsatzsteuer. Eine solche Besteuerung wird bereits heute von der EU abgesegnet. Die *Richtlinie 2008/7/EG des Rates der Europäischen Union vom 12. Februar 2008 betreffend die indirekten Steuern auf die Ansammlung von Kapital* konkretisiert in Artikel 5 Abs. 2 die Kapitalverkehrsfreiheit. Unter den in Artikel 6 Abs. 1

dieser Richtlinie normierten Voraussetzungen wird eine Börsenumsatzsteuer ausdrücklich erlaubt.

Bereits im November 2008 forderte *Oskar Lafontaine* eine Steuer in Höhe von 1 Prozent. Damals wurden die Mehreinnahmen für den Bund auf 70 Milliarden Euro geschätzt. Auch der damalige SPD-Kanzlerkandidat *Frank-Walter Steinmeier* und der Finanzminister *Peer Steinbrück* schlugen im Februar 2009 die Wiedereinführung der Börsenumsatzsteuer in Höhe von 0,5 Prozent gemäß dem britischen Vorbild vor (Wikipedia 2020).

Es gibt bereits konkrete Ansätze innerhalb der Entscheidungsgremien der EU für die Einführung einer Finanztransaktionssteuer. Diese sehen allerdings nur den Kauf und den Verkauf von Aktien (nicht von Derivaten) als relevant vor. Die Steuer soll mindestens 0,2 Prozent betragen. Allerdings werden gerade die hoch spekulativen Geschäfte, die ich mit der wohl eher angebrachten Formulierung *Zockerei* umschreibe, von dieser Steuer ausgenommen. Dies wäre nach meiner Ansicht ein erheblicher Mangel. Zudem finde ich, dass 0,2 Prozent wesentlich zu tief gegriffen sind.

Kritiker werden einwenden, dass sich mit der Einführung einer Finanztransaktionssteuer die Finanzgeschäfte in die Bereiche (Länder) verlagern würden, in denen eine solche Steuer nicht erhoben wird. Das ist nach meinem Empfinden reine Spekulation. In diesem Zusammenhang verweise ich gerne auf Großbritannien. Dort wird eine Stempelsteuer (*Stamp Tax*) von 0,5 Prozent im Regelfall und in Ausnahmen sogar von 1,5 Prozent erhoben. Mir ist nicht bekannt, dass London als Finanzzentrum unter der Stempelsteuer an Attraktivität eingebüßt hätte.

Wer im Geltungsbereich der Bundesrepublik Deutschland Einnahmen aus dem Handel mit

- Aktien
- Anleihen
- ETF (Exchange Traded Funds)
- Futures-Kontrakten
- Options-Kontrakten

erzielt, muss einen Obolus in Höhe von 1 Prozent seiner Einnahmen abführen. Damit wäre ein nicht unerheblicher Teil des Bundeshaushaltes finanziert und unsere ehemalige Landwirtschaftsministerin müsste nicht mehr mit einem *Tierwohlsoli* liebäugeln.

Kommen wir nun kurz zu den Renteneinkünften:
Unabhängig von der Frage, ob unsere derzeitige Rentenbesteuerung verfassungsgemäß ist oder auch nicht, muss man sich vor Augen führen, wie eine Rente wirtschaftlich einzuordnen ist. Im Grunde besteht eine Rente, sei sie nun gesetzlich oder privat, aus zwei Komponenten:

1. die Rückzahlung des eingesetzten Kapitals (= gezahlte Rentenbeiträge) und
2. die Zinsen für das eingesetzte Kapital

Nach meiner Auffassung darf das eingesetzte Kapital unter keinen Umständen in die Besteuerung mit einbezogen werden, sonst würden wir unweigerlich in den Bereich der Substanzbesteuerung abgleiten, die ich ja, wie ich es bereits im Zusammenhang mit der Vermögensteuer (siehe Kap. 5) dargelegt habe, kategorisch ablehne und die im Falle einer Rente auch verfassungsrechtlich nicht haltbar sein dürfte. Es bleibt demnach nur der Zinsanteil der Rente, der dem Obolus unterliegt. Die versicherungsmathematische Ermittlung dieses Zinsanteils sollte in unserem digitalen Zeitalter kein Zauberwerk sein.

Bei den Pensionen stellt sich die Sachlage anders dar. Der Beamte leistet zur Erlangung seiner Pensionsansprüche keine eigenen Beiträge, deren Rückzahlung in Form der Pension von der Besteuerung ausgenommen würde. Somit ergibt sich von selbst, dass die Pensionszahlungen in vollem Umfang dem Obolus unterliegen.

Was nun die Lohn- und Gehaltsempfänger anbelangt, haben wir mit der Einteilung in Obolusklassen ein hervorragendes Gestaltungsmittel. Ich denke beispielsweise daran, dass man Berufen, die niemand ausüben möchte, auf die unsere Gesellschaft aber dringend angewiesen ist, mit der Gewährung eines extrem günstigen Obolussatzes mehr Attraktivität verschaffen könnte. Hierbei fallen mir zum Beispiel Tätigkeiten in folgenden Bereichen ein:

- Krankenpflege
- Seniorenbetreuung
- Rettungsdienst
- Behindertenbetreuung
- Polizei
- Abfallentsorgung

Man könnte auch vielen Handwerksberufen mit der Einräumung von Obolusvergünstigungen zu mehr Attraktivität und Akzeptanz bei der Berufswahl verhelfen.

11

Ort der Einnahme

Zusammenfassung Die heute geltenden, unüberschaubaren Regelungen zur Ortsbestimmung, die letztlich über Steuerpflicht oder Steuerfreiheit entscheiden, sei es nun bei der Umsatzsteuer oder bei der Einkommensteuer, werden obsolet. Alle Einnahmen, die im Geltungsbereich des Grundgesetzes der Bundesrepublik Deutschland generiert werden, werden hier mit dem Obolus belegt. Damit schaffen wir es endlich, die vielen Global Player, die hierzulande erhebliche Gewinne erwirtschaften, auch hierzulande zur Steuerkasse zu bitten, wie jeden bodenständigen regionalen Kleinunternehmer auch. Wenn jemand im Ausland tätig wird und dort Einnahmen erzielt, dann interessiert dies unseren Fiskus nicht, auch wenn der Betreffende deutscher Staatsbürger ist. Ergänzend enthält dieses Kapitel einen interessanten Vorschlag zur Haftung eines Veranstalters im Zusammenhang mit der Abführung eines Obolus für ausländische Künstler.

Um den Ort der Einnahme zu definieren, können wir in weiten Bereichen auf die Definitionen des Umsatzsteuergesetzes bezüglich der Bestimmung des Ortes der Lieferung oder der sonstigen Leistung zurückgreifen. Allerdings sollte man sich auf das Wesentliche beschränken. In diesem Zusammenhang verweise ich auf die Kritik an den ausufernden und schwer verständlichen Ortsbestimmungen für die sonstigen Leistungen Kap. 2.

Wir dürfen allerdings nicht den Fehler begehen, den Obolus als eine Art Umsatzsteuer zu verstehen. Der Obolus soll ja alle Steuern abdecken. Sei es nun zum Beispiel die Einkommensteuer, die Körperschaftsteuer, die Gewerbesteuer und Kraftfahrzeugsteuer und selbstverständlich auch die Umsatzsteuer. Auch werden wir von der Umsatzsteuer nicht solche Begriffe wie Ausfuhrlieferungen oder innergemeinschaftliche Erwerbe übernehmen. Solche Begriffe sind dem Obolus fremd. Es spielt zudem keine Rolle, ob eine Ware in einen Mitgliedsstaat der EU oder außerhalb der EU geliefert wird.

Generell gilt: Alle Lieferungen und sonstigen Leistungen im Sinne des Obolusgesetzes, die innerhalb des Geltungsbereichs des Grundgesetzes der Bundesrepublik Deutschland erbracht werden und zu Einnahmen führen, unterliegen dem Obolus. Dabei wird für Oboluszwecke der Begriff der sonstigen Leistung wesentlich weiter gefasst, als wir das bisher von der Umsatzsteuer kennen. So fallen unter diesen Begriff der sonstigen Leistung auch alle Einnahmen aus nichtselbstständiger Tätigkeit. Das Bestimmungsmerkmal *Selbstständigkeit*, das wir von der Umsatzsteuer im Zusammenhang mit der Definition eines Unternehmers kennen, gilt beim Obolus nicht.

Nachfolgend werden hier beispielhaft verschiedene Tätigkeitsbereiche und die dafür geltenden Ortsbestimmungen im Sinne des Obolusgesetzes durchleuchtet:

Arbeitnehmer/Beamte
Als Leistungsort gilt für diese Gruppe die Arbeitsstätte. Liegt diese in der Bundesrepublik Deutschland und ist der Arbeit-

11 Ort der Einnahme

nehmer auch dort tätig, unterliegt die Vergütung selbstverständlich dem Obolus. Dabei ist es vollkommen unerheblich, ob dieser Arbeitnehmer seinen Wohnsitz in Deutschland oder in einem anderen Land unterhält. Im Falle, dass der Arbeitnehmer steuerlicher Ausländer ist, spielt es auch keine Rolle, ob er seinen Wohnsitz in einem Mitgliedsstaat der EU oder in einem anderen Land innehat. Ein Schweizer, der nach Deutschland pendelt und dort arbeitet, ist ebenso oboluspflichtig wie ein Franzose, der in Deutschland sein Geld verdient. Zurzeit gibt es in unserem Einkommensteuerrecht für solche Fälle die sogenannte fiktive Einkommensteuerpflicht nach § 1 Abs. 3 des Einkommensteuergesetzes. Dies erfolgt vor dem Hintergrund, dass ein solcher Personenkreis sonst nicht in den Genuss des Abzuges von Sonderausgaben, außergewöhnlichen Belastungen und Kinderfreibeträgen käme. Da solche Abzugsbeträge in der Zukunft im Rahmen der Obolusveranlagung keine Bedeutung mehr haben werden, sind auch solche Regelungen hinfällig. Es ist auch unerheblich, ob der Grenzpendler täglich oder nur am Wochenende zu seiner Wohnung pendelt.

Wenn ein deutscher Staatsbürger, der regelmäßig in einer deutschen Betriebsstätte arbeitet, von seinem Arbeitgeber ins Ausland entsendet wird und dort seine Tätigkeit ausübt (z. B. Monteure oder Berater), dann unterliegt diese Vergütung, obwohl sie von einem inländischen Arbeitgeber gezahlt wird, nicht dem Obolus. Die heute noch anzutreffende 183-Tage-Regelung wird nicht mehr gelten. Ob und in welcher Höhe solche Einnahmen steuerlich erfasst werden, obliegt der Beurteilung des Staates, in dem der Arbeitnehmer tätig ist.

Mit der Einführung des Obolus müssen zwangsläufig die bestehenden Doppelbesteuerungsabkommen mit den jeweiligen Staaten an die neue Rechtslage angepasst werden.

Eine Sonderstellung nehmen im Arbeitsrecht und selbstverständlich auch im Steuerrecht die sogenannten geringfügig Beschäftigten (450-Euro-Jobs bzw. zukünftig 520-Euro-Jobs) ein. Bei Anwendung der zuvor für die Erhebung des Obolus genannten Kriterien sind natürlich auch die Bezüge dieser Personengruppe oboluspflichtig. Die jetzige Regelung, wonach die Lohnsteuer für diese Personengruppe von dem Arbeitgeber pauschaliert wird, könnte meines Erachtens beibehalten werden. Allerdings wäre es keine Lohnsteuer mehr, sondern ein pauschaler Obolus. Über die Höhe dieses Obolus wäre noch zu diskutieren. Meines Erachtens müsste er spürbar unter den heute üblichen 25 Prozent liegen, da mit der Einführung des Obolus generell die Steuerbelastung für jeden, der bereits heute Steuern bezahlt, sinken wird.

Nun wäre noch zu klären, in welcher Form der Obolus für einen Arbeitnehmer erhoben werden soll. Hier bieten sich meines Erachtens zwei Möglichkeiten an:

- der Arbeitnehmer reicht, wie alle andere Oboluspflichtige monatlich eine Obolusvoranmeldung beim Finanzamt ein;
- der Arbeitgeber behält (wie bisher bei der Lohnsteuer) den Obolus ein und führt ihn an das Finanzamt ab.

Ich tendiere zu der letztgenannten Variante und zwar aus folgendem Grund

Der Arbeitgeber muss unabhängig von steuerlichen Vorschriften, allein schon aus sozialversicherungsrechtlichen Gründen und natürlich auch aus arbeitsrechtlichem Anlass eine Gehaltsabrechnung für den Arbeitnehmer erstellen. Wenn er in dieses Abrechnungsverfahren auch den Obolus einbezieht, ist das für ihn kein nennenswerter zusätzlicher Aufwand.

Bei der zuerst genannten Lösung hingegen müsste jeder Arbeitnehmer jeden Monat eine Meldung erstellen. Es entstünde eine Flut von Meldungen, deren fristgerechter Eingang von der Finanzverwaltung zu überwachen und zu bearbeiten wäre und gegebenenfalls in den Fällen von Zahlungssäumigkeit auch zu vollstrecken wäre.

Der Steuerabzug vom Lohn hat sich in der Vergangenheit bewährt. Aus meiner Sicht spricht nichts gegen die Beibehaltung eines solchen Verfahrens. Danach bescheinigt der Arbeitgeber auf der Oboluskarte des Arbeitnehmers dessen Bezüge und die Höhe des einbehaltenen Obolus. Diese Werte übernimmt der Arbeitnehmer in seine nach Ablauf des Kalenderjahres zu erstellende Oboluserklärung.

Grundsätzlich widerstrebt es mir, Steuerbescheinigungen, gleich welcher Art, in die fiskalische Umlaufbahn zu schicken. Zu häufig werden dann bei nicht ganz so seriösen Steuerbürgern Begehrlichkeiten geweckt, die ihre Missbrauchsfantasien beflügeln und mit einem ehrlichen Besteuerungsverfahren nicht mehr in Einklang zu bringen sind. Solche Fälle sind mir bei der Lohnsteuer, im Gegensatz zur Kapitalertragsteuer oder zur Umsatzsteuer, allerdings nicht bekannt.

Freiberufler/Dienstleister
Die oboluspflichtige Einnahme wird dort getätigt, wo der Freiberufler tätig ist. Ein Architekt, der sein Büro in Baden-Baden unterhält, bezieht auch dort seine Einnahmen. Dabei ist es unerheblich, ob der Auftraggeber ein steuerlicher Inländer oder Ausländer ist.

Nehmen wir an, der Architekt schließt mit einem Franzosen einen Werkvertrag gemäß § 631 BGB über die Errichtung eines Einfamilienhauses im Elsass. Ein solcher Architektenvertrag umfasst in der Regel die folgenden Leistungen:

- Vorentwurfsplanung
- Entwurfsplanung
- Realisierungsplanung
- Bauleitung
- Objektbetreuung nach Fertigstellung

Teile dieser Leistungen, wie zum Beispiel die Bauleitung, erbringt der Architekt in Frankreich. Gleichwohl ist die Leistung in ihrer Gesamtheit zu betrachten, die bei uns dem Obolus unterliegt. Eine Aufteilung in Teilleistungen ist nicht zulässig. Hier gilt der Grundsatz der *Einheitlichkeit der Leistung*.

Wenn dieser Architekt ausschließlich den Auftrag erhält, für das von dem Franzosen geplante Einfamilienhaus im Elsass die Bauleitung zu übernehmen, dann handelt es sich nicht, wie vorhin, um eine Teilleistung, sondern um eine selbstständig bewertbare Einzelleistung im Ausland. Dies hat zur Folge, dass in diesem Fall kein Obolus zu erheben ist.

Ein Facharzt, der in Bremen eine Praxis betreibt, unterliegt mit den Einnahmen aus dieser Praxis dem Obolus. Wenn dieser Facharzt als international anerkannter Experte in die USA fliegt und dort an verschiedenen Orten medizinische Fachvorträge hält, sind dies Leistungen, die einzeln bewertbar sind und nicht in einem Zusammenhang mit der Praxistätigkeit und den dort erzielten Einnahmen stehen. Demzufolge unterliegen die Honorare für die in den USA gehaltenen Vorträge nicht dem deutschen Obolus, da die Einnahmen nicht im Geltungsbereich des Grundgesetzes der Bundesrepublik Deutschland erzielt werden. Ob für die von dem Arzt bezogenen Honorare Steuern fällig werden, entscheidet die in den USA zuständige Finanzbehörde. Solche Einnahmen werden auch nicht über einen wie auch immer gearteten Progressionsvorbehalt im Rahmen der Obolusveranlagung ihren Niederschlag finden. Es ist auch gleichgültig, ob die Honorare in den USA oder hierzulande gezahlt werden.

Wenn andererseits ein amerikanischer Staatsbürger als Facharzt durch die Bundesrepublik tourt und Fachvorträge hält, unterliegen dessen Honorare natürlich dem deutschen Obolus. Wie bereits in Kap. 6 geschildert, hat der Arzt sich zu diesem Zweck bei einem deutschen Finanzamt registrieren zu lassen.

Ebenso verhält es sich bei Künstlern. Seien es nun Schlager- oder Opernsänger, Schauspieler, Zauberer oder Artisten. Wenn jemand, der keinen Wohnsitz in der Bundesrepublik hat, hierzulande aktiv wird, wird der Obolus fällig. In diesem Zusammenhang könnte man darüber nachdenken, ob man eine entsprechende Haftung des Veranstalters installiert. Ich stelle mir das folgendermaßen vor:

Ein Künstler, der keinen Wohnsitz hier in Deutschland unterhält und hier auftreten möchte, muss sich bei einem deutschen Finanzamt registrieren lassen. Der Veranstalter darf den Künstler nur verpflichten, wenn dieser ihm die entsprechende Registrierungsbestätigung des Finanzamtes vorlegt. Erfüllt der Veranstalter diese Auflage nicht, geht die Haftung für den abzuführenden Obolus auf den Veranstalter über.

Im Zusammenhang mit den Freiberuflern komme ich kurz auf die Ärzte zurück. Die Leistungen der Angehörigen der medizinischen Heilberufe unterliegen mit ihren primären Leistungen nach heutigem Recht nicht der Umsatzsteuer. Eine solche Steuerbefreiung kennt der Obolus systembedingt nicht, weil der Obolus keinen Ersatz für die Umsatzsteuer darstellt, sondern alle bisherigen Steuern abdecken soll.

Handwerker

Hier gelten grundsätzlich die gleichen Anwendungsregeln wie für Freiberufler. Wenn ein Handwerker, zum Beispiel ein Elektriker, im Geltungsbereich des Grundgesetzes der Bundesrepublik Deutschland tätig wird, unterliegen die aus dieser Tätigkeit erzielten Einnahmen dem Obolus. Wenn dieser Elektriker die gesamte Elektroinstallation eines hier in der Bundesrepublik errichteten Einfamilienhauses durchführt, ist der gesamte Vorgang oboluspflichtig. Die bei der jetzigen Umsatzsteuer anzutreffende Unterscheidung zwischen Werklieferung und Montagelieferung ist irrelevant. Wenn dieser Elektriker die Elektroinstallation in dem vorhin genannten Einfamilienhaus im Elsass ausführt, unterliegt diese Leistung nicht dem Obolus, da die Leistung nicht im Geltungsbereich des Grundgesetzes der Bundesrepublik Deutschland erfolgt. Sollte der Elektriker jedoch nur das Material für das Haus in Frankreich liefern, das dann von einem dortigen Elektriker verarbeitet wird, dann unterliegt diese Materiallieferung dem Obolus. Im Rahmen der Obolusbesteuerung gilt grundsätzlich:

> Lieferungen gelten an dem Ort als ausgeübt, an dem die Beförderung oder die Versendung beginnt.

Wenn der Elektriker das Material auf seinem Bauhof in Deutschland in seinen Lieferwagen verlädt und anschließend zur Baustelle nach Frankreich bringt, dann gilt als Ort der Lieferung und somit auch als Ort der Einnahme der Bauhof in Deutschland.

Für den Fall, dass der französische Kunde die Ware auf dem Bauhof des Elektrikers selbst abholt, gilt als Ort der Lieferung und somit auch als Ort der Einnahme ebenfalls der Bauhof in Deutschland.

Handel

Hier gelten bezüglich des Ortes der Einnahme die Ausführungen zu dem zuvor genannten Elektriker. Wenn zum Beispiel ein Getränkemarkt in seinem Geschäftslokal Getränke an seine Kunden verkauft, dann gilt die Einnahme als dort erzielt. Wenn der Händler die Getränke auf seinen Lieferwagen lädt und zu seinem Kunden transportiert, dann gilt die Einnahme als dort erzielt, wo der Lieferwagen beladen wurde.

Wenden wir uns dem Automobilhandel zu

Beim Neuwagenkauf kommt in der Regel ein Kaufvertrag zwischen dem Kunden und dem Händler zustande. Wenn der Kunde seinen Neuwagen bei seinem Händler abholt, dann gilt der Händlerstandort als Ort der Einnahme. Ob dieses Neufahrzeug in Deutschland oder Südkorea produziert wurde, ist für die Ortsbestimmung der Einnahme des Händlers unerheblich. Nehmen wir an, dass das Fahrzeug in Südkorea hergestellt wurde; nach bisherigem Umsatzsteuerrecht unterliegt die Einfuhr dieses Fahrzeuges durch den Händler der Einfuhrumsatzsteuer. Die Einfuhrumsatzsteuer würde es in Zukunft nicht mehr geben. Dies wäre kein Nachteil für den deutschen Fiskus, da der Händler seine zu zahlende Umsatzsteuer um die gezahlte Einfuhrumsatzsteuer mindern darf. Sollte das Neufahrzeug in Frankreich produziert worden sein, so wäre dies nach heutiger Rechtslage aus Sicht des Autohändlers ein innergemeinschaftlicher Erwerb. Dafür müsste er Umsatzsteuer zahlen, die er gleichzeitig wieder als Vorsteuer geltend machen könnte. Im Ergebnis bleiben beide Vorgänge (Produktion in Südkorea oder in Frankreich) gleich.

Es gibt allerdings auch die Fälle, in denen der Händler nur als Vermittler auftritt und der Kaufvertrag unmittelbar mit dem Hersteller geschlossen wird (wie beispielsweise im Falle der *Mercedes Benz AG*). Wenn der Hersteller diese

Fahrzeuge im Geltungsbereich des Grundgesetzes der Bundesrepublik Deutschland produziert, dann gilt als Ort der Einnahme der Ort, an dem die Beförderung oder Versendung des Fahrzeuges an den Kunden beginnt. Sollte die Produktion im Ausland erfolgen (EU oder außerhalb der EU spielt keine Rolle), dann gilt als Ort der Einnahme der Ort, an dem das Fahrzeug dem Kunden im Inland betriebsbereit übergeben wird.

Verarbeitende Unternehmen
Zu diesem Bereich der Gewerbetreibenden gehören beispielsweise:

- Getränkeherstellung
- Herstellung von Textilien
- Herstellung von pharmazeutischen Erzeugnissen
- Produktion von Kraftwagen
- Maschinenbau
- Tabakverarbeitung

Hier gelten analog die Ortsbestimmungen, wie ich sie für die Bereiche Handel, Handwerker und Freiberufler geschildert habe.

12

Zeitpunkt der Einnahme

Zusammenfassung Wenn es um den Zeitpunkt der Einnahme geht, werden wir auch zukünftig unterscheiden müssen, ob der Bezieher der Einnahmen den handelsrechtlichen Aufzeichnungspflichten unterliegt oder nicht, da die Definition des Zeitpunktes einer Einnahme darauf abstellt.

Es wird selbstverständlich nach wie vor die handelsrechtlichen Buchführungspflichten gemäß den Vorschriften des Handelsgesetzbuches geben und es werden daneben die ergänzenden steuerlichen Buchführungspflichten im Sinne der Abgabenordnung (siehe Kap. 5) gelten. In diesem Zusammenhang habe ich auch angeregt, die steuerliche Buchführungspflicht auf Freiberufler auszudehnen, soweit deren Geschäftsbetrieb bestimmte Größenmerkmale erreicht.

In den Fällen, in denen ein selbstständig tätiger Oboluspflichtiger nicht von einer handelsrechtlichen oder steuerrechtlichen Buchführungspflicht erfasst wird, besteht grundsätzlich lediglich die Pflicht zur Aufzeichnung der Einnahmen im Sinne des Obolusgesetzes.

Unter Berücksichtigung dieser Vorgaben wird es künftig wie bisher auch, zwei verschiedene Zeitpunkte der Einnahme geben. Bei bilanzierenden Oboluspflichtigen entsteht die Einnahme im Sinne des Obolusgesetzes im Zeitpunkt der Entstehung einer Forderung. Bei den nicht buchführungspflichtigen Oboluspflichtigen gilt das strenge Zuflussprinzip: Die Einnahme ist dann zu versteuern, wenn sie dem Oboluspflichtigen tatsächlich zugeflossen ist. Eine Ausnahme vom Zuflussprinzip bilden nach wie vor die Lohn- und Gehaltszahlungen. In diesen Fällen ist der Abrechnungszeitraum verbindlich.

Die bisherige Einnahmen-Überschuss-Rechnung ist auf den ersten Blick entbehrlich, da die Betriebsausgaben oder Werbungskosten und somit auch letztlich ein Geschäftsergebnis für die Festsetzung des Obolus nicht erforderlich sind.

Ich finde allerdings, dass jeder Unternehmer, der sein Unternehmen ohne Rücksicht auf seine Größenordnung seriös, erfolgreich und nachhaltig führen möchte, unabhängig von handelsrechtlichen oder steuerlichen Vorgaben ein Mindestmaß von Aufzeichnungen führen sollte. Unter Unternehmer in diesem Sinne verstehe ich alle Personen, die eine selbstständige Tätigkeit ausüben. Es sollte doch im eigenen Interesse sein, ein verlässliches Zahlenwerk vorzuhalten, um entsprechende unternehmerische Entscheidungen treffen zu können. Man sollte die Aufzeichnung von Einnahmen und Ausgaben nicht als bürokratische Belastung empfinden, sondern als unverzichtbares Hilfsmittel zur Unternehmensführung verstehen. Diese Aufzeichnungen bilden letztlich die Basis, um unternehmerische Entscheidungen fällen zu können wie zum Beispiel die Preisbildung (= Kalkulation).

13

Einnahmenbescheinigung für Oboluszwecke – EBOZ

Zusammenfassung Die geplante *Einnahmenbescheinigung für Oboluszwecke – EBOZ* – würde eine bisher nicht gekannte Transparenz im deutschen Besteuerungsverfahren installieren. Die *EBOZ* wäre zudem ein hervorragendes Instrument, um die bisher vom Fiskus weitestgehend verschonten Einnahmen, die über manch bekannte Internetplattformen erwirtschaftet werden, in den fiskalischen Fokus zu rücken. Unter Hinweis auf die Einfachheit und Verständlichkeit des Obolussystems erfolgt der Fingerzeig, dass der Bürger bei einem Verstoß gegen diese einfachen Besteuerungsvorschriften mit strengen Sanktionen rechnen muss.

In vielen Fällen, in denen Zahlungen an oboluspflichtige Personen geleistet werden, muss der Leistende in Zukunft eine Einnahmenbescheinigung für Oboluszwecke, kurz *EBOZ* genannt, ausstellen. Ähnliches kennen wir heute beispielsweise von der Kapitalertragsteuer im Zusammenhang mit der Zahlung von Dividenden. Die *EBOZ* wird u. a. in folgenden Fällen auszustellen sein:

- Lohn/Gehalt
- Renten
- Pensionen
- Zinsen
- Dividenden
- Aktienverkäufen
- Verkauf über Online-Plattformen

Die *EBOZ* muss die folgenden Angaben enthalten:

- Name und Anschrift des Ausstellers
- Finanzamt und Steuernummer des Ausstellers
- Name und Anschrift des Zahlungsempfängers
- Finanzamt und Steuernummer des Zahlungsempfängers
- Höhe der Zahlung
- Zeitpunkt der Zahlung
- Grund der Zahlung

Der Leistende muss, im Gegensatz zu der vorhin zitierten Kapitalertragsteuer, keinen Obolus einbehalten (Ausnahme: Lohn/Gehalt). Ein Oboluseinbehalt würde zwangsläufig dazu führen, dass dieser Obolus bescheinigt werden müsste. Dies wiederum würde die Pforte zum Paradies für Obolusgutschriften weit öffnen und einer Vielzahl von Schlaumeiern und potenziellen Betrügern, die Möglichkeit geben, schlitzohrige Aktivitäten zu entfalten. Dies möchte ich unter allen Umständen unterbinden.

Wenn aber nicht wie bisher an der Quelle besteuert wird, wächst natürlich die Gefahr, dass nicht alle Einnahmen vom Obolus erfasst werden. Auf der einen Seite besteht das

13 Einnahmenbescheinigung für Oboluszwecke ...

Risiko, dass der Zahlungsleistende keine *EBOZ* ausstellt und auf der anderen Seite könnte es ja auch vorkommen, dass der Zahlungsempfänger – trotz vorhandener *EBOZ* und ungeachtet einer bestehenden Oboluspflicht – diese Einnahmen nicht deklariert, aus welchen Gründen auch immer.

Um dies zu vermeiden, müssen für die EBOZ ganz strenge Regeln greifen
Der Leistende ist zur Ausstellung einer solchen Bescheinigung gesetzlich verpflichtet. Es bedarf auch keiner besonderen steuerlichen Fachkenntnisse, um eine solche Verpflichtung zu erkennen und zu erfüllen. Somit kann sich niemand mit dem Hinweis, er habe diese Verpflichtung nicht gekannt, exkulpieren. Aus diesem Grund muss diese gesetzliche Verpflichtung rechtlich derart ausgestaltet werden, dass wir bei einem Verstoß gegen diese Auflage eine strafbare Handlung annehmen, mit der Folge, dass derjenige, der bewusst oder unbewusst die Ausstellung einer *EBOZ* unterlassen hat, sofort in ein Strafverfahren rutschen könnte. Mit einer bloßen Ordnungswidrigkeit kämen wir in diesem Fall meines Erachtens nicht zu dem gewünschten Erfolg.

Zudem muss derjenige, der eine *EBOZ* ausstellt, eine Ausfertigung dieser *EBOZ* an das Finanzamt des Zahlungsempfängers übermitteln. Sollte er dies unterlassen, greifen ebenfalls die zuvor genannten Sanktionen.

Manchem Leser mag eine solche Herangehensweise sehr restriktiv erscheinen oder er wird sie möglicherweise als überzogen werten. Ich vertrete in diesem Zusammenhang allerdings die folgende Meinung:

Jedem vernünftigen Bürger kann man mühelos vermitteln, dass unser Gemeinwesen auf Steuereinnahmen angewiesen ist, um das Ganze am Laufen zu halten. Mit der

Einführung des Obolus unternehmen wir den Versuch, dem Bürger ein einfaches und gerechtes Steuersystem in die Hand zu geben. Aufgrund der Einfachheit dieses Systems kann sich künftig niemand mehr mit der Ausrede, er habe die Rechtslage wegen ihrer Kompliziertheit nicht erkannt oder nicht verstanden, aus der Verantwortung stehlen. Wenn also ein Obolupflichtiger diese einfachen, verständlichen Vorschriften missachtet und damit der Allgemeinheit einen Schaden zufügt, muss ein Rechtstaat auch in der Lage sein, seine Ansprüche zum Wohle der steuerehrlichen Bürger durchzusetzen. Ein Rechtsstaat ist keine Einbahnstraße, die den Bürgern nur Rechte einräumt. Zu einem Rechtsstaat gehört auch, dass der Staat selbst ebenfalls seine Rechte wahrnimmt und diese auch gerichtlich durchsetzt, falls die Umstände dies erfordern.

Etwas Ähnliches wie die angedachte *EBOZ* gilt heute bereits bei den Notaren. Diese sind in den folgenden, beispielhaft aufgeführten Fällen verpflichtet, eine Mitteilung an das Finanzamt zu übermitteln:

- Kaufvertrag oder Rechtsgeschäft über ein Grundstück
- Erbauseinandersetzungen
- Schenkungen
- Vereinbarung einer Gütergemeinschaft
- Zuwendungen unter Eheleuten
- Verzicht auf Pflichtteilsanspruch

Es hat den Anschein, dass unsere heiß geliebte Datenschutzgrundverordnung in den hier aufgezählten Fällen lediglich eine untergeordnete Rolle spielt.

Kommen wir nun zu den am Beginn dieses Kapitels aufgezählten Einnahmen:

13 Einnahmenbescheinigung für Oboluszwecke ...

Lohn/Gehalt
Wie bereits im vorangegangen Kap. 12 erläutert, wird bei diesen Bezügen der Obolus im Lohnabzugsverfahren erhoben und auf der Oboluskarte bescheinigt. Die Oboluskarte stellt somit faktisch eine Unterart der *EBOZ* dar.

Renten und Pensionen
Bereits heute meldet die *Bundesversicherungsanstalt für Angestellte* die Rentenbezüge dem jeweiligen Wohnsitzfinanzamt. Dies bleibt unverändert beibehalten. Ähnliches gilt für Pensionen.

Zinsen
Die *EBOZ* entspricht in wesentlichen Punkten der heutigen Steuerbescheinigung, die von den Kreditinstituten in der Regel nach Ablauf eines Kalenderjahres ausgestellt wird. Es versteht sich jedoch von selbst, dass auf dieser Bescheinigung keine Steuer (= kein Obolus) ausgewiesen wird.

Dividenden
Eine Aktiengesellschaft oder eine Gesellschaft mit beschränkter Haftung, die Gewinnausschüttungen an ihre Anteilsinhaber vornimmt, ist zur Ausstellung einer *EBOZ* verpflichtet. Daneben hat sie eine entsprechende Meldung an das für den Dividendenempfänger zuständige Finanzamt zu übermitteln.

Aktienverkäufe
Bei Aktienverkäufen erfolgt die *EBOZ* in der Regel über das Unternehmen, das das Depot verwaltet. Die Mitteilung enthält lediglich die Angabe über die Höhe der erzielten Einnahmen. Sie kann, muss aber nicht, auch Angaben über die Höhe der ursprünglichen Anschaffungskosten enthalten.

Wie bereits in Kap. 10 geschildert, unterliegen die Einnahmen aus Aktienverkäufen dem Obolus. Der im selben Kapitel erwähnte Obolus auf den Kapitalverkehr (eine Art Börsenumsatzsteuer) wird neben dem Obolus auf die Einnahmen aus den Aktienverkäufen erhoben. Mir ist durchaus bewusst, dass dies zu einer Doppelbelastung führt. Zu diesem Problem verweise ich auf meine Schilderungen in Kap. 4. Zudem macht ein Teil dieser Doppelbelastung lediglich 1 Prozent (Obolus auf den Kapitalverkehr) aus.

Verkauf über Online-Plattformen

Dem Gesetzgeber sollte es auch ein besonderes Anliegen sein, die Privatverkäufe über Onlineplattformen wie z. B. *eBay, Alibaba, Rakuten etc.* besser als bisher in den fiskalischen Griff zu bekommen. Hierzu wäre die *EBOZ* ein probates Mittel.

Der Privatverkäufer kann sich, so schlage ich vor, auf einer solchen Plattform nur registrieren lassen, wenn er dem Anbieter seine Steuernummer und das zuständige Finanzamt nennt. Ab einer Summe von 1000 Euro je Geschäftsvorfall ist der Anbieter zur Ausstellung einer *EBOZ* sowie zur Meldung an das Finanzamt verpflichtet. Kommt der Anbieter dieser Verpflichtung nicht nach, hat dieses Unterlassen die oben genannten Sanktionen zur Folge.

Wie das Finanzamt im Einzelfall mit diesen Informationen umgeht, entscheidet der jeweilige Veranlagungsbeamte. So wird es heutzutage bereits mit den sogenannten Kontrollmitteilungen gehandhabt, die im Rahmen von Betriebsprüfungen gefertigt werden.

14

Dialog mit der Finanzverwaltung

Zusammenfassung Die Einführung des Obolus würde unser aktuelles Betriebsprüfungssystem auf den Kopf stellen. Auch wenn sich die Betriebsprüfer heutzutage intensiv der Prüfung der Betriebsausgaben widmen, können sie dies in Zukunft vernachlässigen, da Betriebsausgaben steuerlich keine wesentliche Bedeutung mehr zukommt. Dies hätte zwangsläufig eine Verkürzung der Prüfungszeit zur Folge und würde eine signifikante Erhöhung der Fallzahlen bewirken. Das Konfliktpotenzial, das von den Rechtsbehelfsstellen und den Finanzgerichten derzeit zu bewältigen ist, würde drastisch minimiert. Mit der Nachschau für Oboluszwecke – *NOZ* – sollen unterjährige Prüfungen des laufenden Geschäftsjahres ermöglicht werden.

Der Dialog mit der Finanzverwaltung findet in aller Regel auf drei Ebenen statt:

- Veranlagungsverfahren
- Rechtsbehelfsverfahren
- Betriebsprüfung

Außer der begrüßenswerten Tatsache, dass die Einführung des Obolus eine Vereinfachung und Beschleunigung des Veranlagungsverfahrens bewirken würde, wird sich in diesem Bereich nichts Wesentliches ändern. Die Auswirkung des Obolus bezüglich der Rechtsbehelfsverfahren und der Betriebsprüfung werden jedoch gravierend sein.

Rechtsbehelfe
Jährlich werden dem Bundesfinanzhof ca. 2000 Fälle zur Entscheidung vorgelegt. Schauen wir uns einmal die Verfahren Stand 24.01.2021 und deren Inhalte an:

Einkommensteuer:

- Sind Prozesskosten außergewöhnliche Belastungen?
- Betriebliche Nutzung bestimmter Werkzeuge (Investitionsabzugsbetrag)
- Teilwertzuschreibung bei Fremdwährungsdarlehen
- Verlust aus Forderungsverzicht
- Übernahme von Pensionsverpflichtungen durch Pensionsfonds
- Verfassungswidrige Benachteiligung von Aktienverlusten
- Übungsleiterfreibetrag bei Pflege

Erbschaft- und Schenkungsteuer:

- Übergang von Vermögen auf Familienstiftung
- Schenkungsteuer bei Einladung zu gemeinsamer Luxuskreuzfahrt

14 Dialog mit der Finanzverwaltung

Körperschaftsteuer:

- Gestaltungsmissbrauch anlässlich Verkaufs von Gesellschaftsanteilen
- Verdeckte Gewinnausschüttung bei Sachspende an Stiftung
- Verfassungsmäßigkeit des Abzugsverbotes für Bankenabgabe

Umsatzsteuer:

- Ermäßigter Steuersatz für Konzerte
- Entgeltminderung durch Sammelpunkte
- Steuersatz für Volkstheater
- Vorsteueraufteilung anhand von Nutzungszeiten
- „Mitgliedschaften" zum verbilligten Bezug von Waren in Bio-Supermärkten

Beim Betrachten der jeweiligen Streitpunkte wird leicht erkennbar, zu welchem Wildwuchs unser heutiges Steuerrecht geworden ist.

Der weitaus größte Teil der zuvor aufgeführten zur Verhandlung anstehenden Fälle würden mit der Einführung des Obolus gegenstandslos.

Wir können davon ausgehen, dass mit der Einführung des Obolus die Finanzgerichte einen exorbitanten Rückgang der Fallzahlen verzeichnen würden. Ebenso behaupte ich, dass mindestens die Hälfte der in den Rechtsbehelfsstellen der Finanzämter beschäftigten Personen entbehrlich würde und in anderen Bereichen, wie zum Beispiel der Betriebsprüfung oder der Steuerfahndung, sinnvoller und selbstverständlich auch erfolgsorientierter eingesetzt werden könnte. Allein im Bereich der Rechtsbehelfe und Klagen ergäbe sich für die Finanzverwaltung und die Finanzgerichtsbarkeit ein ungeheures Kosteneinsparpotenzial.

Wenn ich bedenke, wegen welchen „fundamentalen Grundsatzfragen" ich während meiner beruflichen Tätigkeit mit Angehörigen der Finanzverwaltung die Klingen gekreuzt habe, dann scheint die Einführung des Obolus mit der Abkehr von den Betriebsausgaben als wahrer Segen. Ich erinnere mich u. a. an solche elementaren Streitpunkte wie:

- Gehören weiße Tennissocken zur Berufskleidung eines Chirurgen?
- Kann ein Sportwagen zum Betriebsvermögen einer Bäckerei gehören?
- Kann ein *Dali* im Wartezimmer eines Radiologen steuerlich eine Berücksichtigung finden?
- Sind Aufwendungen anlässlich eines Zahnarztkongresses zur Winter-Hauptsaison in Davos Betriebsausgaben?
- Können auch die Kosten für die bei dem Zahnarzt als Sekretärin beschäftigte mitreisende Ehefrau als Betriebsausgaben geltend gemacht werden?
- Dürfen die Kosten für die Bewirtung eines Geschäftsfreundes auch dann geltend gemacht werden, wenn dieser Geschäftsfreund der Schwiegervater des Steuerpflichtigen ist?

Nach der Einführung des Obolus wird es in Rechtsbehelfsverfahren, die es selbstverständlich weiterhin geben wird, schwerpunktmäßig vermutlich um solche Themen gehen, die die Einteilung in eine Obolusklasse betreffen oder die grundsätzliche Oboluspflicht einer Einnahme berühren.

Betriebsprüfung

Mit der Einführung des Obolus müsste das System der Betriebsprüfung, so wie es heutzutage abläuft, vollkommen auf den Kopf gestellt werden. In der Regel werden nach jetziger Praxis in unregelmäßigen Zyklen die letzten drei veranlagten Geschäftsjahre geprüft. Zu diesem Zweck er-

14 Dialog mit der Finanzverwaltung

lässt die Finanzverwaltung im zeitlichen Vorfeld eine Prüfungsanordnung im Sinne von § 196 der Abgabenordnung. Die Prüfung findet üblicherweise in den Geschäftsräumen des Unternehmens statt. Der oder die Betriebsprüfer widmen sich sodann mit großem Ehrgeiz dem Rechnungswesen des Unternehmens und nehmen insbesondere die Kostenbelege unter die Lupe. Eine solche Betriebsprüfung ist für das zu prüfende Unternehmen mit einem gewissen Aufwand verbunden, da die Unterlagen zusammengestellt werden müssen und Auskunftspersonen zur Verfügung zu stellen sind. Aufgrund der Tatsache, dass die zu prüfenden Sachverhalte möglicherweise bereits vier Jahre zurückliegen, können sich Probleme ergeben. Einerseits könnte es sein, dass die damals handelnden Personen nicht mehr dem Unternehmen angehören oder dass die Erinnerung an die Geschäftsvorfälle nicht mehr präsent ist.

Da in Zukunft die Prüfung der Betriebsausgaben vernachlässigt werden kann, sind Betriebsprüfungen nicht mehr so zeitaufwendig. Somit kann die Finanzverwaltung wesentlich mehr Prüfungen durchführen.

Zudem sollte die Drei-Jahres-Taktung aufgegeben werden. Meines Erachtens reicht die gegenwartsnahe Prüfung jeweils eines Jahres in unregelmäßigen Abständen, die wesentlich kürzer getaktet werden, als es heute üblich ist, vollkommen aus. Da das Prüfungsfeld überwiegend die Einnahmen des Unternehmens erfassen wird, ergeben sich aus der Sicht eines Prüfers völlig neue Prüfungsansätze.

Ich hatte an verschiedenen Stellen dieses Buches bereits erkennen lassen, dass die Einführung eines einfachen Steuersystems gleichzeitig mit einer härteren Gangart bei der Überwachung der Einhaltung der Vorschriften des Obolusgesetzes einhergehen sollte.

Im heutigen Umsatzsteuerrecht gibt es das Instrument der *Umsatzsteuernachschau* (§ 27b Umsatzsteuergesetz). Danach dürfen Angehörige der Finanzverwaltung ohne vorherige Ankündigung die Geschäftsräume betreten, um Prüfungshandlungen im Rahmen der Umsatzsteuer vorzunehmen. Etwas Ähnliches stelle ich mir auch im Rahmen des Obolusverfahrens vor. Die *Nachschau für Oboluszwecke*, kurz *NOZ* genannt, soll sicherstellen, dass die Finanzverwaltung die Möglichkeit hat, die Aufzeichnungen der Einnahmen eines Unternehmens gegenwartsnah, ohne vorherige Ankündigung in Augenschein nehmen zu können.

Solche Prüfungen, sollten nicht mehr als die beiden letzten Monate umfassen, für die eine *Obolusvoranmeldung* abgegeben wurde oder abzugeben war. Die Prüfungsdauer sollte einen Tag nicht überschreiten. Innerhalb eines Geschäftsjahres sollten nicht mehr als zwei *NOZ* bei einem Unternehmen erfolgen.

Mit diesen gegenwartsnahen, kurzfristigen Intervallen hätte man ein hervorragendes Instrument, Fehlentwicklungen innerhalb eines Unternehmens rechtzeitig in die richtigen Bahnen zu lenken. Zudem hätte manches *schwarze Schaf* keine Möglichkeit, sich frühzeitig vom Acker zu machen. Wenn eine Prüfung erst nach vier Jahren anberaumt wird, kann es unter Umständen schon längst zu spät sein.

Bei der Einführung des Obolus muss den Oboluspflichtigen unmissverständlich vermittelt werden, dass es das Instrument der *NOZ* gibt und dass deshalb das Rechnungswesen so gestaltet wird, dass eine unangekündigte Prüfung jederzeit erfolgen kann.

15

Verluste

Zusammenfassung Die fast ausnahmslose Ausrichtung der Besteuerung nach den Einnahmen wird vermutlich zu Problemen führen, wenn ein Unternehmen defizitär arbeitet. Die für einen solchen Fall möglichen Lösungsansätze sind hier dargelegt.

Im Regelfall bilden die von dem Oboluspflichtigen erzielten Einnahmen die Bemessungsgrundlage für die Ermittlung des Obolus. Im Rahmen dieses Besteuerungsverfahrens sollte unter allen Umständen das *Prinzip der wirtschaftlichen Leistungsfähigkeit* seinen Niederschlag finden. Unter Berücksichtigung dieser Vorgaben werden zwangsläufig dann Probleme auftauchen, wenn ein Unternehmen in einem Wirtschaftsjahr einen Verlust erwirtschaftet.

Nach heutigem Recht dürfen Verluste, soweit sie nicht mit positiven Einkünften im Entstehungsjahr verrechnet werden können, in andere Veranlagungszeiträume vor- oder zurückgetragen werden. Eine solche Möglichkeit kann der Obolus nicht anbieten, da er sich an den Einnahmen orientiert.

Nun ist es aber auch nach unserem heutigen Steuerrecht bereits so, dass ein Unternehmen, das einen Verlust einfährt, von Steuern nicht vollständig verschont bleibt. Natürlich greifen die Einkommen- oder die Körperschaftsteuer in solchen Fällen in aller Regel nicht. Gleichwohl müssen aber auch defizitäre Unternehmen solche Abgaben wie beispielsweise:

- Energiesteuern
- Stromsteuer
- Kraftfahrzeugsteuer
- Grundsteuer

tragen. Soweit ein Unternehmer nicht zum Vorsteuerabzug berechtigt ist, stellt auch die Umsatzsteuer, die an andere Unternehmer geleistet wird, einen erheblichen Kostenfaktor dar.

Auch Privatleute wie der bereits genannte *Wirecard-geschädigte* Ruheständler werden heutzutage trotz erlittener Verluste mit erheblichen Steuern belastet. Neben den schon erwähnten anderen Steuern ist insbesondere bei Endverbrauchern die Umsatzsteuer ebenfalls ein wesentlicher Faktor.

Unter diesen Aspekten halte ich es für durchaus vertretbar, dass auch im Falle von Verlusten ein Obolus festzusetzen ist. Selbstverständlich sollte dieser wesentlich niedriger ausfallen als im Falle eines positiven Geschäftsergebnisses.

Im Zusammenhang mit der Frage, wie Verluste im Obolusverfahren zu behandeln sind, wird deutlich, dass einem ordnungsgemäßen Rechnungswesen trotz der Vereinfachung des Besteuerungsverfahrens weiterhin eine wesentliche Rolle zukommen wird. Um eine wie auch immer geartete Obolusvergünstigung in Anspruch nehmen zu können, muss ein solcher Verlust mittels entsprechender Aufzeichnungen nachgewiesen werden. Als geeignete Aufzeichnungen werden auch in Zukunft nach wie vor Jahresabschlüsse oder Einnahmen-Überschussrechnungen herangezogen.

16

Landes- und Gemeindesteuern

Zusammenfassung Die Beibehaltung von Landessteuern und Gemeindesteuern wäre inkonsequent. Wenn eine Steuervereinfachung in unserer Republik Einzug halten soll, dann darf diese nicht vor den Stadttoren halt machen. Aufgrund der Tatsache, dass der Obolus vom Bund verwaltet wird, ergibt sich für die Steuerverwaltungen der einzelnen Bundesländer und insbesondere für die Abgabenabteilungen der Kommunen ein gigantisches Kosteneinsparpotenzial.

Die Abkehr von unserem bisherigen Besteuerungssystem verbunden mit der Einführung des Obolus bedeutet selbstverständlich auch, dass wir der heutigen Aufteilung in

- Gemeinschaftssteuern (z. B. Einkommensteuer und Umsatzsteuer)
- Bundessteuern (z. B. Energiesteuer und Kraftfahrzeugsteuer)

- Landessteuern (z. B. Grunderwerbsteuer und Erbschaftsteuer)
- und Gemeindesteuern (z. B. Gewerbesteuer und Grundsteuer)

ein herzliches *Adieu* mit auf den Weg geben können. Alles andere ergibt keinen Sinn. Wenn jedes Land und jede Gemeinde weiterhin ihr eigenes Süppchen kochen dürfen, landen wir unweigerlich wieder in dem Steuerchaos, das wir zur Genüge kennen und nicht möchten.

Unser Grundgesetz regelt präzise, wer Steuern erheben darf und wie diese Steuern zu verteilen sind. Mit der Installation des Obolus müsste unser Grundgesetz in diesem Bereich modifiziert werden. Wenn ich ein Steuersystem vollständig auf den Kopf stellen möchte, muss auch die Hürde *Grundgesetz* genommen werden. In diesem Punkt bin ich sehr zuversichtlich, dass dies ohne nennenswerte Schwierigkeiten machbar sein sollte. Hier vertraue ich zutiefst auf unsere bereits mehrfach erwähnten Verfassungsrechtler. Wem es gelingt, einer unsinnigen Regelung wie der Ermittlung des zitierten *geldwerten Vorteils im Rahmen der Gestellung eines Personenkraftwagens*, den verfassungsrechtlichen Segen zu erteilen, sollte auch in der Lage sein, dieses Hindernis zu umfahren.

Das Bundesministerium der Finanzen informierte 2018 zum bundesstaatlichen Finanzausgleich:

„In dem bundesstaatlichen Finanzausgleich im Staatsaufbau der Bundesrepublik Deutschland stellen die Länder eine eigenständige, mit eigenen Rechten und Pflichten ausgestattete Ebene dar. Die Gemeinden gelten im Rahmen der Finanzverfassung als Bestandteil der Länder. Damit die Länder als eigenständige Gliedstaaten die ihnen durch das Grundgesetz zugewiesenen Aufgaben erfüllen können, müssen sie frei und unabhängig über ausreichende Finanzmittel verfügen. Durch eine Annäherung der Einnahmen der Länder soll die Herstellung und Bewahrung gleichwertiger

16 Landes- und Gemeindesteuern

Lebensverhältnisse für alle Einwohner im Bundesgebiet ermöglicht werden. Die Grundzüge der Finanzausstattung von Bund und Ländern werden durch das Grundgesetz geregelt. Die diesbezüglichen verfassungsrechtlichen Bestimmungen können in vier Stufen gegliedert werden:

1. Zuerst erfolgt die Verteilung des gesamten Steueraufkommens auf die zwei staatlichen Ebenen – Bund und Gesamtheit der Länder – und eine ergänzende Ertragszuweisung an die Gemeinden (vertikale Verteilung).
2. Anschließend wird das Steueraufkommen der Ländergesamtheit den einzelnen Ländern zugeordnet (horizontale Verteilung).
3. Auf einer dritten Stufe wird ein Ausgleich zwischen finanzschwachen und finanzstarken Ländern durchgeführt (Länderfinanzausgleich).
4. Ferner erhalten leistungsschwache Länder ergänzend Mittel des Bundes (Bundesergänzungszuweisungen). Die konkrete Ausgestaltung der einzelnen Stufen erfolgt durch einfachgesetzliche Regelungen." (Bundesministerium der Finanzen 2018)

Das Ziel des zuvor zitierten Finanzausgleichs ist in einem Satz ausgedrückt: Es soll eine Herstellung und Bewahrung gleichwertiger Lebensverhältnisse für alle Bürger unserer Republik angestrebt werden. Diese Aufgabe kann eine einzige Steuer wie der Obolus gleichermaßen gut erfüllen wie die bisherigen unzähligen anderen Steuern.

Zudem halte ich fest, dass bereits heute eine Vermischung von Gemeinschaftssteuern und Gemeindesteuern praktiziert wird. Ich denke da zum Beispiel an die Anrechnung der Gewerbesteuer im Rahmen der Einkommensteuerveranlagung.

Die Abkehr von der Gewerbesteuer würde auch beispielsweise der Unsitte vieler Gemeinden, sich gegenseitig mit der Einräumung niedriger Hebesätze auszuspielen, ein Ende bereiten. Dies würde hoffentlich dazu führen, dass nicht jedes noch so winzige Dorf meint, einen Gewerbepark ansiedeln zu müssen und damit die Vernichtung wertvoller Kulturlandschaften vorantreibt.

Abschließend ist festzuhalten, dass mit der Abschaffung aller Steuern und der Einführung des Obolus Bund, Länder und Gemeinden problemlos mit den erforderlichen Finanzmitteln ausgestattet werden können. Hier sind die unzähligen Fachleute, die in den Finanzministerien des Bundes und der Länder ihr Brot verdienen, aufgefordert, ihre Kreativität walten zu lassen und einen zutreffenden, gerechten Verteilungsschlüssel zu entwerfen. In diesem Zusammenhang fände ich es schön, wenn das Ergebnis dann allerdings durchdachter wäre als die m. E. sinnleere Regelung eines *geldwerten Vorteils*.

17

Auswirkungen auf das Preisniveau

Zusammenfassung Die grundlegende Umstellung des Besteuerungssystems hätte selbstverständlich gewaltige Auswirkungen auf die Preisbildung eines Unternehmens. So ein massiver Eingriff in seit Jahrzehnten bestehende Strukturen kann ohne die Einrichtung eines vom Gesetzgeber zu entwerfenden Regulativs vermutlich nicht funktionieren. Es gab in der Vergangenheit schon verschiedene halbwegs vergleichbare Vorfälle, die allerdings nicht so gravierend waren und die ohne staatliche Regularien auskamen, hier sei an die Umstellung von der alten auf die neue Umsatzsteuer im Jahr 1968 oder auf die Absenkung des Umsatzsteuersatzes aus Corona-bedingten Gründen erinnert. Ein Negativbeispiel für den Missbrauch einer Steuersenkung, die eigentlich dem Verbraucher zugute hätte kommen sollen, zum eigenen Vorteil rundet das Kapitel ab.

Spannend wird die Frage sein: Welche Auswirkungen auf die Verbraucherpreise wird der Obolus mit sich bringen?

Beispielhaft seien folgende Steuern aufgeführt, die die Preise für den Verbraucher wesentlich beeinflussen:

- Umsatzsteuer
- Energiesteuer (Mineralöl)
- Energiesteuer (Gas)
- Stromsteuer
- Tabaksteuer

Diese Steuern werden mit der Einführung des Obolus von der fiskalischen Bildfläche verschwinden. Dürfen wir blauäugig davon ausgehen, dass die Wirtschaft ihrerseits diesen Vorteil ungeschmälert an den Verbraucher weiterleiten wird? Dies wäre der Idealfall.

Oder wird es vielleicht so ablaufen, wie wir dies mit der Reduzierung der Umsatzsteuer für Übernachtungen leidvoll erleben mussten? Im Jahr 2009 entschied man sich auf Druck der FDP und der CSU, die so titulierte *Hotelsteuer* ab dem 1. Januar 2010 von 19 Prozent auf 7 Prozent abzusenken (Wachstumsbeschleunigungsgesetz vom 22.12.2009). Die abenteuerliche Begründung für diese Maßnahme war damals insbesondere, dass grenznahe (z. B. zu Österreich) Hotelbetriebe gegenüber ihren ausländischen Konkurrenten benachteiligt seien.

Sollte dies tatsächlich der Grund für die Steuersenkung gewesen sein, dann müsste ich als Hotelgast doch auch davon ausgehen dürfen, dass dieser Vorteil an den Kunden weitergegeben wird, um endlich konkurrenzfähige Preise anbieten zu können. Dies war aber damals nicht der Fall. Ich erinnere mich noch, als ich nach der Umsatzsteuersenkung in einem Hotel, in dem ich regelmäßig anlässlich von Geschäftsreisen übernachtete, meine Verwunderung über die unverändert beibehaltenen Übernachtungspreise zum Ausdruck brachte und man mir erklärte, dass man die

17 Auswirkungen auf das Preisniveau

ersparte Steuer zum Wohle der Gäste in die Renovierung des Hauses investiere.

Fakt ist: Diese Umsatzsteuersenkung war ein Milliardengeschenk an die Hotelbranche. Besonders pikant war in diesem Zusammenhang natürlich auch die Tatsache, dass die *Substanzia AG*, deren Eigentümer *August Baron von Finck* war und dessen Familie wiederum Miteigentümer der *Mövenpick-Hotel-Gruppe* war, im Laufe des Jahres 2009 der FDP Spenden in Höhe von 1,1 Mio. Euro in drei Tranchen überwiesen hatte (König 2010; Verf 2010). Offenkundig war man trotz des gravierenden Umsatzsteuer-Wettbewerbsnachteils finanziell noch in der Lage, Spenden in der genannten Größenordnung zu gewähren. Pünktlich zum 1. Januar 2010 erfolgte die genannte Steuersenkung. Ich sagte es schon immer: Unser Leben wird von Zufällen bestimmt!

Auch anlässlich der Corona-Krise haben wir aktuell eine zeitlich befristete Absenkung der Umsatzsteuer erlebt. Hier können wir offenkundig feststellen, dass die Unternehmen zum größten Teil diesen Umsatzsteuervorteil an die Verbraucher weitergegeben haben. Dies erfolgte bei Nahrungsmitteln und Industriegütern fast vollständig. Bei Dienstleistungen kam die Senkung hingegen nicht vollständig an. Dies war leider auch bei Tankstellen zu verzeichnen.

Man darf allerdings nicht den Verbraucher selbst und die Vielzahl von Verbraucherschutzorganisationen unterschätzen. Durch entsprechendes Verhalten haben sie wesentlichen Einfluss auf den Markt, können diesen in Teilbereichen steuern und können schwarze Schafe abstrafen.

So war es beispielsweise auch bei der Umstellung unserer Währung von der D-Mark zum Euro. Man hatte damals argwöhnisch die Preisgestaltung im Stammcafé oder beim Italiener um die Ecke beäugt. Manch einer, der die

Währungsumstellung gleichzeitig mit einer saftigen Preiserhöhung verbunden hatte, wunderte sich anschließend über eine rückläufige Kundenfrequenz.

Aber wir sollten und dürfen einen dermaßen wichtigen Bereich wie die Preisbildung im Rahmen des radikalen Wechsels hin zu einem neuen Steuersystem nicht ausschließlich in die Hände der Wirtschaft legen und damit riskieren, dass der Systemwechsel für verdeckte Preiserhöhungen ausgenutzt wird. Dies wäre grob fahrlässig. Bei einer solch grundlegenden Umgestaltung unseres Steuerrechts müsste der Staat in der Übergangsphase eingreifen. Hier ist der Gesetzgeber gefragt. In unseren Justiz-, Finanz- und Wirtschaftsministerien sowohl des Bundes als auch der Länder ist doch ausreichend Sachverstand anzutreffen, um ein Regulativ zu entwickeln und ein solches für die Übergangsphase zu installieren. Manche Dinge sind zwar schwierig, aber dies alleine ist noch kein Grund, sie nicht in Angriff zu nehmen.

Es ist mir selbstverständlich bewusst, dass durch den Wegfall der genannten Verbrauchssteuern die Preise nicht eins zu eins sinken werden. Da der Obolus als Allphasensteuer ausgelegt ist, muss dieser sich auch bei der Preisgestaltung auswirken. Gleichwohl müssen die Verbraucherpreise zwangsläufig spürbar sinken, da der Obolus bei weitem nicht in einer solchen Größenordnung greifen wird wie heutzutage zum Beispiel die Umsatzsteuer und die Energiesteuern.

18

Einkommens- und Verdienstnachweise

Zusammenfassung Die Abschaffung der Einkommensteuer wird zwangsläufig zur Folge haben, dass keine Einkommensteuerbescheide, die bisher als Verdienstnachweis dienen, vorhanden sein werden. Da künftig ohnehin ein Gewinn oder ein Überschuss keine nennenswerte Rolle in unserem Besteuerungsverfahren mehr spielen wird, müssen alternative Verdienstnachweise erarbeitet werden. Ein Anhaltspunkt könnte in einem solchen Fall die Einordnung in die jeweilige Obolusklasse sein, verbunden mit der Angabe über die Höhe der Einnahmen.

Den Bezugsgrößen Gewinn oder Überschuss wird nach der Einführung des Obolusverfahrens, zumindest im steuerlichen Bereich, nur noch eine untergeordnete Bedeutung zukommen. Größenmerkmale wie Einkommen oder Einkünfte werden in Zukunft nicht mehr in der bisher gewohnten Form zur Verfügung stehen.

Nun werden allerdings im Alltag häufig Einkommensnachweise benötigt, wenn es um den Bezug von Leistungen geht, wenn Beiträge festzusetzen sind oder wenn eine Bonität nachzuweisen ist. In diesem Zusammenhang seien nur beispielhaft die folgenden Situationen aufgezählt, in denen ein wie auch immer genannter und gearteter Einkommensnachweis vonnöten ist:

- Festsetzung des Krankenversicherungsbeitrages für gesetzlich versicherte Selbstständige
- Bonitätsprüfung bei Kreditanträgen
- Antrag auf Wohngeld
- Antrag auf Leistungen nach dem Bundesausbildungsförderungsgesetz (BAföG)
- Unterhaltszahlungen für Kinder und Expartner
- Ermittlung des Tagessatzes einer Geldstrafe im Strafverfahren
- Ermittlung des Elterngeldes
- Verdienstnachweis beim Abschluss von Wohnungsmietverträgen

In vielen dieser oder ähnlich gelagerten Fällen greift man heute auf die Angaben in den Einkommensteuerbescheiden zurück. Allerdings finden bereits gegenwärtig häufig die folgenden Bezugsgrößen Verwendung, die es unter dem Obolusverfahren auch weiterhin geben wird:

- Gehaltsabrechnungen
- Rentenbescheide
- Jahresabschlüsse
- Einnahmen-Überschussrechnungen
- Betriebswirtschaftliche Auswertungen
- Arbeitsverträge

In den Fällen, in denen die zuvor beispielhaft aufgeführten Nachweise nicht dem Anforderungsprofil eines Einkom-

18 Einkommens- und Verdienstnachweise

mensnachweises heutiger Prägung entsprechen, sind die Einrichtungen, Behörden oder Unternehmen, die einen solchen Nachweis wünschen, aufgefordert, ihre Anspruchs- oder Bemessungsgrundlage neu zu definieren. Hier müsste man sich Gedanken darüber machen, in welcher Form ein Obolusbescheid als Bemessungs- oder Berechnungsgrundlage herangezogen werden kann. In diesem Zusammenhang weise ich auf die Einteilung in die verschiedenen Obolusklassen hin (siehe Kap. 5), die letztlich auch die Wertschöpfung und Umsatzrendite eines Unternehmens widerspiegeln.

In diesem Zusammenhang unterstreiche ich noch einmal, dass ein Selbstständiger unabhängig von steuerrechtlichen oder handelsrechtlichen Vorgaben bestrebt sein sollte, ein aussagefähiges Rechnungswesen vorzuhalten. Unabhängig von den Kriterien Unternehmensführung oder Nachweis eines negativen Betriebsergebnisses wäre auch in den Fällen eines Verdienstnachweises ein ordentliches Rechnungswesen vor Vorteil.

Gleichwohl werden sich Wege finden lassen, einen wie auch immer gearteten Einkommensnachweis auch innerhalb des Obolusverfahrens zu entwickeln.

19

Beispielrechnungen

Zusammenfassung In den Beispielrechnungen findet sich die Bandbreite des vom Obolus abgedeckten Einnahmenspektrums wieder, sei es ein Rentnerehepaar, der handwerkbetreibende Einzelunternehmer oder die Kapitalgesellschaft, in der die Gesellschafter als Geschäftsführer tätig sind. Den Zahlen liegen reale Jahresabschlüsse und Steuerbescheide zugrunde, für deren anonymisierte Veröffentlichung die schriftliche Zustimmung der jeweiligen Personen eingeholt wurde. Diese Beispielrechnungen führen die Einfachheit und Verständlichkeit des Obolussystems anschaulich vor Augen. Es wird auch erkennbar, dass die Belastung mit dem Obolus unter den jeweiligen heutigen Steuerbelastungen läge.

19.1 Ruheständler

Nachdem die grundsätzlichen, theoretischen Rahmenbedingungen in groben Zügen aufgezeigt sind, gilt es nun, sich der Praxis zuzuwenden. Dazu liefere ich Ihnen Beispiele, die nicht das Produkt meiner Fantasie sind, sondern denen ganz konkrete Fälle aus dem Alltag zugrunde liegen. Beginnen werde ich mit dem leidgeprüften, *Wirecardgeschädigten* Ruheständler und dessen Partnerin (siehe Abb. 19.1).

Es handelt sich um ein Ehepaar. Beide sind jeweils 70 Jahre alt. Aufgrund einer schweren Erkrankung steht der Ehefrau ein Behindertenpauschbetrag zu. Der Ehemann war früher selbstständig tätig und hatte seine Ehefrau mit einem geringen Gehalt in seinem Unternehmen angestellt. Daraus resultiert die Rente der Ehefrau. Er selbst hatte über 40 Jahre den Mindestbeitrag zur gesetzlichen Rentenver-

	Ehemann Euro	Ehefrau Euro	insgesamt Euro
Einkünfte aus Vermietung und Verpachtung	38.326		38.326
Renteneinkünfte	2.654	6.312	8.966
Altersentlastungsbetrag	-988		-988
Vorsorgeaufwendungen			-6.789
Sonderausgaben (= Spenden)			-1.676
Behindertenpauschbetrag			-720
zu versteuerndes Einkommen			**37.119**
Einkommensteuer (nach Splittingtarif)			4.074
Ermäßigung für Handwerkerleistungen			-148
Steuer für Zinseinkünfte:			
Zinsen	15.868		
abzgl. Sparerfreibetrag	-1.602		
	14.266		
davon 25 %			3.566
festzusetzende Einkommensteuer			**7.492**

Abb. 19.1 Beispiel Rentnerehepaar 2019 – Einkommensteuerbescheid

sicherung geleistet und bezieht aus diesen Leistungen eine Minirente.

Der für das Jahr 2019 erlassene Einkommensteuerbescheid des Finanzamtes weist für die zusammenveranlagten Eheleute die in Abb. 19.1 angezeigten Werte aus:

a) Obolusveranlagung Ehemann
Der Ehemann bezieht Einnahmen aus den vier folgenden, verschiedenen Obolusklassen:

- Mieteinnahmen (Obolusklasse 1)
- Rente (Obolusklasse 2)
- Zinsen (Obolusklasse 3)
- Dividenden (Obolusklasse 4)

Diese von mir gewählte Nummerierung der Obolusklassen und auch solche, die in den nächsten Beispielen folgen werden, ist der Einfachheit halber willkürlich gewählt und entspricht keinesfalls der endgültigen, tief gegliederten Obolusklasseneinordnung.

Die in dem Einkommensteuerbescheid ausgewiesenen Einkünfte aus Vermietung und Verpachtung in Höhe von 38.326 Euro resultieren aus Mieteinnahmen in Höhe von 76.000 Euro. Diese Mieteinnahmen basieren auf der umsatzsteuerfreien Vermietung von Wohnraum. Aus diesem Grund steht dem Pflichtigen kein Vorsteuerabzug zu.

Den Renteneinkünften über 2654 Euro liegen Renteneinnahmen in Höhe von 3800 Euro zugrunde. Der versicherungsmathematisch ermittelte Zinsanteil der Rente beträgt ca. 950 Euro.

Die im Rahmen der Steuerfestsetzung aufgeführten Zinseinkünfte über insgesamt 15.868 Euro setzen sich grob wie folgt zusammen:

- Dividenden 6868 Euro
- Zinsen 9000 Euro

In Kap. 10 habe ich bereits meine grundsätzliche Auffassung dokumentiert, solche Einnahmen, die nicht mit einer Arbeitsleistung und einem sonst gearteten besonderen Einsatz in Verbindung stehen oder mit einem höheren Risiko behaftet sind, mit einem hochgradigen Obolussatz zu belasten. Mit einer solchen Vorgehensweise möchte ich dem Gerechtigkeitsgrundsatz im Rahmen des Obolusverfahrens hiermit, wie auch in anderen Bereichen, genüge tun. Unter diesem Aspekt schweben mir für Kapitaleinnahmen verschiedene Obolusklassen mit verschiedenen Obolussätzen vor. In dem konkreten, vorliegenden Fall bedeutet dies:

- Obolussatz für Dividenden 15 %
- Obolussatz für Zinsen 30 %

Über die Höhe der vorstehend und auch im Folgenden noch genannten Obolussätze kann man trefflich diskutieren. Sie stellen in dieser Phase meiner Betrachtung nur einen ganz groben Anhaltspunkt dar und müssen selbstverständlich von den zuständigen Stellen sorgfältig bis ins letzte Detail ermittelt und erarbeitet werden, falls meine Bitten erhört werden sollten und der Gesetzgeber sich tatsächlich zu einer grundlegenden Neuregelung unseres aus den Fugen geratenen Steuerrechts durchringen sollte.

Angesichts der Tatsache, dass bei Dividenden bereits auf der Vorstufe bei der ausschüttenden Gesellschaft eine Besteuerung dieser Einnahmen vollzogen wurde, neige ich dazu, entgegen den zuvor angewandten 15 Prozent einen unter Umständen wesentlich niedrigeren Obolussatz anzuwenden. Die Ausgestaltung dieser Belastungssätze ist jedoch eine Detailfrage, die sich an dieser Stelle nicht final beantworten lässt, was übrigens in diesem Stadium der Betrachtungsweise auch nicht erforderlich ist. Gleichwohl sollte der von mir gewählte relativ hohe Obolussatz für Zinsen gerechtfertigt sein, da Zinsen nicht mit einer Vorstufenbelastung behaftet sind.

Unter Berücksichtigung der zuvor genannten Eckdaten würde der Obolusbescheid für das Jahr 2019 aussehen wie in Abb. 19.2.

Abb. 19.3 zeigt übersichtlich die in Abb. 19.2 enthaltenen Freibeträge.

Ähnlich wie im bisherigem Einkommensteuerrecht sollte im Rahmen der Festsetzung des Obolus eine Art Grundfreibetrag gelten, der generell von der Besteuerung ausgenommen bleibt. Mir schwebt ein Einnahmen-Freibetrag in Höhe von 12.000 Euro pro Person und Jahr vor. Die

	Einnahmen Euro	Obolussatz %	Obolus Euro
Obolusklasse 1			
Mieteinnahmen	76.000	15	11.400
Obolusklasse 2			
Rente	950		
abzüglich Freibetrag	-950		
	0	20	0
Obolusklasse 3			
Zinsen	9.000		
abzüglich Freibetrag	-9.000		
	0	30	0
Obolusklasse 4			
Dividenden	6.868		
abzüglich Freibetrag	2.050		
	4.818	15	722
Summe			12.122
abzüglich:			
Gutschrift für Spenden			
25 % von 1.676			-419
Obolus 2019			**11.703**

Abb. 19.2 Rentnerehepaar 2019 – Obolusbescheid Ehemann

	Euro
Obolusklasse 2	950
Obolusklasse 3	9.000
Obolusklasse 4	2.050
zusammen	12.000

Abb. 19.3 Rentnerehepaar 2019 – Freibeträge nach Obolusklasse

Zuordnung dieses Freibetrages steht im persönlichen Ermessen des Oboluspflichtigen. Er kann diesen Freibetrag der Obolusklasse zuordnen, die die höchste Belastung für ihn mit sich bringt. In dem vorliegenden Fall verursachen die Obolusklassen 2 und 3 die höchsten Belastungen. Also bietet sich eine entsprechende Verteilung auf diese Klassen an. Der dann noch verbleibende Restfreibetrag kann alternativ auf die Obolusklasse 1 oder 4 übertragen werden, da in beiden Obolusklassen derselbe Obolussatz gilt.

Der zuvor genannte Freibetrag bietet einen der ganz wenigen Gestaltungsspielräume, die das Obolusverfahren mit sich bringen wird. Die Ausübung dieses Gestaltungsspielraumes und die Ermittlung der Obolusersparnis benötigen aufgrund ihrer Einfachheit allerdings keinen Beratungsbeistand. Das wird jeder Oboluspflichtige wohl noch selbst schaffen.

b) Obolusveranlagung Ehefrau
Die Ehefrau bezieht lediglich eine Rente in Höhe von 9100 Euro. Der versicherungsmathematisch ermittelte Zinsanteil der Rente beläuft sich auf ca. 2500 Euro. Damit liegt sie unter dem Grundfreibetrag von 12.000 Euro. Dies hat zur Folge, dass kein Obolus festzusetzen ist.

c) Vergleichsrechnung
Ein Solidaritätszuschlag wurde in die Vergleichsrechnung Abb. 19.4 nicht einbezogen, da dieser künftig im genannten Einkommensbereich nicht mehr anfallen wird.

	Euro	Euro
Einkommensteuer nach jetzigem Recht,		7.492
daneben fallen derzeit noch an:		
Umsatzsteuer:		
Lebenshaltung	3.700	
Anschaffungen	1.600	
im Rahmen der Mieteinkünfte	3.800	
Mineralölsteuer	900	
Stromsteuer	60	
Energiesteuer Gas	150	
Grundsteuer	300	
Kraftfahrzeugsteuer	300	10.810
gesamte Steuerbelastung		**18.302**

Abb. 19.4 Rentnerehepaar 2019 – Vergleichsrechnung

Die Vermietung von Wohnraum ist nach der heutigen Rechtslage von der Umsatzsteuer befreit. Demzufolge hat der Steuerpflichtige im Rahmen seiner Vermietungseinkünfte auch nicht die Möglichkeit, die von ihm an andere Unternehmer geleistete Umsatzsteuer als Vorsteuer (z. B. bei nicht umlagefähigen Instandhaltungskosten) abzuziehen. Sie stellt daher für ihn eine endgültige Belastung dar.

Steuern wie z. B.:

- Alkoholsteuer
- Biersteuer
- Feuerschutzsteuer
- Hundesteuer
- Kaffeesteuer
- Schaumweinsteuer
- Versicherungssteuer

die direkt oder indirekt ebenfalls von den Steuerpflichtigen zu tragen sind, werden aufgrund ihrer Geringfügigkeit

	Euro
Gesamtbelastung nach jetzigem Recht	18.302
Belastung nach neuem Recht (Obolus)	11.703
Unterschiedsbetrag	6.599

Abb. 19.5 Rentnerehepaar 2019 – Belastungsvergleich

nicht in den Vergleichsrechnung Abb. 19.4 einbezogen, da deren genaue Ermittlung in keinem Verhältnis zu ihrer untergeordneten Bedeutung im Rahmen der Gesamtbetrachtung (siehe Abb. 19.5) stünde.

Beim Ansatz der Stromsteuer wird ausschließlich die Steuer nach dem Stromsteuergesetz (StromStG) in Verbindung mit der Stromsteuer-Durchführungsverordnung (StromStV) in Höhe von 2.05 Cent/kWh erfasst. Die Umlage aus dem Erneuerbare-Energien-Gesetz (EEG-Umlage), sowie die Umlage für die Förderung von Kraft-Wärme-Kopplungsanlagen (KWK-Umlage), finden keine Berücksichtigung, da sie nicht das Merkmal „Steuern" erfüllen.

19.2 Einzelunternehmen

Vor uns liegen die Zahlen eines grundsoliden, bodenständigen Handwerkbetriebes (Schlosserei), der im Großraum Frankfurt angesiedelt ist. Das Unternehmen wird seit vielen Jahren vom Inhaber geführt und die Ehefrau arbeitet im Betrieb im kaufmännischen Bereich mit. Der Inhaber wird von drei angestellten Gesellen unterstützt und je nach Arbeitsanfall werden gelegentlich Aushilfen beschäftigt. Abb. 19.6 zeigt die Gewinn- und Verlustrechnung des Jahres 2019.

Wie zuvor aufgezeigt, belaufen sich die oboluspflichtigen Einnahmen auf 1.056.928 Euro. In Kap. 10 wurde bereits er-

	Euro	Euro
Umsatzerlöse	1.046.270	1.046.270
Bestandsveränderungen unfertiger Leistungen	-124.433	
Unentgeltliche Wertabgaben (private Nutzungen)	8.310	
Sonstige betriebliche Erträge	10.658	10.658
Aufwand für Roh- Hilfs- und Betriebsstoffe sowie Waren	-273.270	
Personalaufwand	-274.579	
Abschreibungen	-18.157	
Raumkosten	-8.894	
Versicherungen und Beiträge	-12.091	
Fahrzeugkosten	-14.063	
Werbekosten	-3.518	
Verschiedene Kosten	-34.593	
Zinsen und ähnl. Aufwendungen	-5.316	
Gewerbesteuer	-37.576	
Sonstige Steuern	-2.566	
Jahresüberschuss	256.182	
Obolusrelevante Einnahmen		**1.056.928**

Abb. 19.6 Handwerksbetrieb 2019 – GuV

läutert, warum die Bestandsveränderungen (-124.433 Euro) und die privaten Nutzungen (8310 Euro) nicht in die Bemessungsgrundlage einbezogen werden.

Im Einkommensteuerbescheid der Eheleute für das Jahr 2019 werden die Werte lt. Abb. 19.7 ausgewiesen.

	Ehemann	Ehefrau	insgesamt
	Euro	Euro	Euro
Einkünfte aus Gewerbebetrieb	293.756		293.756
Lohneinkünfte		22.823	
abzgl. Arbeitnehmerpauschbetrag		-1.000	21.823
Vorsorgeaufwendungen			-13.534
Sonderausgaben			-10.613
Kinderfreibetrag			-7.620
zu versteuerndes Einkommen			**283.812**
Einkommensteuer (nach Splittingtarif)			101.638
Ermäßigung für Einkünfte aus Gewerbebetrieb			-35.698
Kindergeld			2.388
festzusetzende Einkommensteuer			**68.328**

Abb. 19.7 Handwerksbetrieb 2019 – Einkommensteuerbescheid

a) Obolusveranlagung Ehemann

Der Ehemann bezieht Einnahmen aus lediglich einer einzigen Obolusklasse (Klasse 5, Abb. 19.8). An dieser Stelle könnte die Frage auftauchen, ob angesichts des ansehnlichen Einkommens nicht vielleicht Zinseinkünfte angefallen sind. Dies ist nicht der Fall, da sämtliche Eigenmittel in den vergangenen Jahren in die Finanzierung des von den Eheleuten erbauten und selbst bewohnten Einfamilienhauses geflossen sind.

Der in dem Einkommensteuerbescheid berücksichtigte Kinderfreibetrag findet im Obolusverfahren keine Anwendung. Hierzu verweise ich auf die in Kap. 8 dokumentierten Ansichten, wie die Förderung von Kindern in Zukunft ausgestaltet werden soll.

b) Obolusveranlagung Ehefrau

Die Ehefrau wird mit ihren Gehaltsbezügen in der Obolusklasse 6 veranlagt (siehe Abb. 19.9).

	Einnahmen Euro	Obolussatz %	Obolus Euro
Obolusklasse 5	1.056.928		
abzüglich Grundfreibetrag	12.000		
	1.044.928	10	104.492
Obolus 2019			104.492

Abb. 19.8 Handwerksbetrieb 2019 – Obolusveranlagung Ehemann

	Einnahmen Euro	Obolussatz %	Obolus Euro
Obolusklasse 6	22.823		
abzüglich Grundfreibetrag	12.000		
	10.823	20	2.164
Obolus 2019			**2.164**

Abb. 19.9 Handwerksbetrieb 2019 – Veranlagung Ehefrau

c) Vergleichsrechnung (Abb. 19.10)

Ein Solidaritätszuschlag wurde nicht mit einbezogen, da dieser in Zukunft in dem genannten Einkommensbereich nicht mehr von wesentlicher Bedeutung sein wird (Abb. 19.11).

	Euro	Euro
Einkommensteuer nach jetzigem Recht		68.328
Gewerbesteuer (siehe GuV)		37.576
daneben fallen noch an:		
a) im betrieblichen Bereich		
Mineralölsteuer	1.800	
Kraftfahrzeugsteuer	1.800	
Grundsteuer	700	
Stromsteuer	160	
Energiesteuer Gas	220	4.680
b) im privaten Bereich		
USt (Lebenshaltung, Anschaff. usw.)	7.600	
Stromsteuer	80	
Energiesteuer Gas	200	
Grundsteuer	400	8.280
gesamte Steuerbelastung		**118.864**

Abb. 19.10 Handwerksbetrieb 2019 – Vergleichsrechnung

	Euro	Euro
Gesamtbelastung nach jetzigem Recht		118.864
Belastung nach neuem Recht (Obolus)		
Obolus Ehemann	104.492	
Obolus Ehefrau	2.164	106.656
Unterschiedsbetrag		**12.208**

Abb. 19.11 Handwerksbetrieb 2019 – Belastungsvergleich

19.3 Kapitalgesellschaft

Wenden wir uns nun den Kapitalgesellschaften zu. Im (realen) Beispielfall zeigt Abb. 19.12 die Gewinn- und Verlustrechnung eines unweit von München ansässigen Unternehmens, das klimatechnische Anlagen vertreibt und montiert. Die Anteilsinhaber sind in der Geschäftsleitung tätig und beziehen entsprechende Gehälter.

Es wird rasch erkennbar, dass das Unternehmen mit einer außergewöhnlich niedrigen Umsatzrendite (lediglich 3,8 Prozent – bezogen auf den Jahresüberschuss) ausgestattet ist. Solche Faktoren schlagen sich selbstverständlich bei der Einteilung in eine entsprechende Obolusklasse nieder mit der Folge, dass der anzuwendende Obolussatz sehr niedrig ist (siehe Abb. 19.13).

	Euro	Euro
Umsatzerlöse	3.613.783	3.613.783
Bestandsveränderungen unfert. Leist.	-27.688	
Sonstige betriebliche Erträge	74.029	74.029
Aufwand für Roh- Hilfs- und		
Betriebsstoffe sowie bezogene Leist.	-1.364.411	
Personalaufwand	-1.463.110	
Abschreibungen	-31.635	
Raumkosten	-173.149	
Versicherungen und Beiträge	-29.222	
Fahrzeugkosten	-204.456	
Werbekosten	-20.107	
Verschiedene Kosten	-175.693	
Zinsen und ähnl. Aufwendungen	-21.585	
Gewerbesteuer	-9.504	
Körperschaftsteuer und Soli	-23.192	
Sonstige Steuern	-4.566	
Jahresüberschuss	139.494	
Obolusrelevante Einnahmen		3.687.812

Abb. 19.12 Beispiel Kapitalgesellschaft – GuV

19 Beispielrechnungen

	Einnahmen Euro	Obolussatz %	Obolus Euro
Obolusklasse 7	3.687.812		
abzüglich Grundfreibetrag	0		
	3.687.812	1	36.878
Obolus 2019			**36.878**

Abb. 19.13 Beispiel Kapitalgesellschaft – Obolussatz

	Euro	Euro
Körperschaftsteuer und Soli		23.192
Gewerbesteuer		9.504
daneben fallen noch an:		
Mineralölsteuer	16.000	
Kraftfahrzeugsteuer	4.500	
Grundsteuer	800	
Stromsteuer	330	
Energiesteuer Gas	660	22.290
Steuerlast insgesamt		**54.986**

Abb. 19.14 Beispiel Kapitalgesellschaft – Vergleichsrechnung

	Euro
Gesamtbelastung nach aktuell geltendem Recht	54.986
Belastung nach neuem Recht (Obolus)	36.878
Unterschiedsbetrag	**18.108**

Abb. 19.15 Beispiel Kapitalgesellschaft – Belastungsvergleich

Ein Grundfreibetrag wird nicht gewährt, da dieser lediglich bei natürlichen Personen greifen soll.

Auf den ersten Blick erscheint die Steuerersparnis (siehe Abb. 19.14 und 19.15) aufgrund der Obolusregelung ungewöhnlich hoch. Man muss dabei allerdings das Folgende beachten:

Wie mehrfach dargelegt, handelt es sich bei dem Obolus um eine Mehrphasensteuer. Dies bedeutet, dass die Dividenden, die die Gesellschaft an ihre Gesellschafter ausschüttet, ebenfalls vom Obolus erfasst werden und eine entsprechende Steuer auslösen. Gleichwohl wird die sich dann ergebende Gesamtbelastung noch weit unterhalb der jetzigen Steuerbelastung bewegen.

20

Zusammenfassung

Zusammenfassung In der Zusammenfassung wird die Vielzahl der Vorteile, die die Umstellung unseres heutigen Steuersystems auf das System der Zukunft, das den Namen Obolus trägt, mit sich bringen würde, eindrucksvoll dokumentiert. Jeder einzelne dieser Vorzüge müsste für die Verantwortlichen bereits Grund genug sein, sich einmal dem Thema „Obolus" gedanklich anzunähern. Die Summe der Vorteile des Obolus gegenüber unserem heutigen Besteuerungschaos lässt dem Gesetzgeber im Grunde genommen kaum eine andere Wahl.

Im ersten Teil dieses Buches habe ich Ihnen drastisch vor Augen geführt, mit welchen Absonderlichkeiten und Ungerechtigkeiten unser deutsches Steuerrecht in seiner Gesamtheit gespickt ist. Die Vielzahl der Steuern und die damit verbundene Anzahl von Gesetzen, Richtlinien und Verordnungen führen zu einem Bürokratismus, der für die betroffenen Steuerpflichtigen einerseits äußerst ärgerlich und belastend ist und andererseits gigantische Kosten verursacht, die im Grunde nicht zu rechtfertigen sind. Dieser Papierkrieg bildet den Nährboden für eine Unmenge sogenannter *Bullshit-Jobs*, die keinen gesellschaftlichen oder wirtschaftlichen Mehrwert erwirtschaften, sondern nur Ausfluss eines aus den Fugen geratenen Steuerrechts und der damit verbundenen Aufblähung der Bürokratie sind.

Zudem macht der Gesetzgeber sich selbst das Leben schwer. Wenn beispielsweise eine Regelung im Einkommensteuergesetz angepasst oder geändert werden soll, müssen vorab unzählige Fachreferate einbezogen werden, um im Vorfeld abzuklären, welche Auswirkungen eine Änderung bei der Einkommensteuer unter Umständen bei der Gewerbesteuer, Umsatzsteuer, Körperschaftsteuer oder bei welcher Steuer auch immer mit sich bringen könnte. Leider ist es so, dass eine Steuer nicht losgelöst von allen übrigen Steuern betrachtet werden kann, sondern das ganze Steuersystem in sich verwoben ist.

Dieser offenkundige, unbefriedigende Zustand ließe sich durch die Abschaffung sämtlicher zurzeit bestehender Steuern verbunden mit der Einführung einer einzigen, neuen Steuer (Obolus) beseitigen.

Die Einführung des Obolus in der von mir grob umrissenen Art und Weise würde eine Vielzahl von Vorteilen mit sich führen. Diese wären insbesondere:

- Unser Steuerrecht würde wesentlich einfacher und demzufolge verständlicher. Der Bürger wäre tatsächlich in der Lage, seine Steuererklärung selbst zu erstellen und die von ihm zu erbringende Steuer auch selbst zu ermitteln. Ein solch einfaches Besteuerungssystem würde innerhalb der Bevölkerung auf wesentlich mehr Akzeptanz stoßen als das heute geltende, unüberschaubare Steuerchaos.
- Der unsägliche „Bürokratiebauch" würde zumindest im Bereich der Steuererhebung verschwinden. Man könnte sich sowohl in der EU als auch im Bund und in den einzelnen Bundesländern hoch bezahlte Referenten, die sich bisher

20 Zusammenfassung

erfolglos um den Abbau des Papierkrieges kümmern mussten, ersparen. Durch die Reduzierung der Bürokratie könnten Unternehmen wesentlich flexibler agieren und reagieren. Zudem wäre die Kostenersparnis riesengroß.

- Ausländische Unternehmen, die in der Bundesrepublik Deutschland dicke Gewinne erwirtschaften und gleichwohl von unseren Ertragsteuern weitestgehend verschont bleiben, würden endlich auch hier zur Kasse gebeten.
- Die unserem Steuersystem in weiten Bereichen völlig abhanden gekommene Gerechtigkeit, würde sich im Obolussystem wieder manifestieren.
- Inländischen Großunternehmen, die ihre Gewinne mit abenteuerlichen steuerlichen Gestaltungen, die betriebswirtschaftlich durch nichts zu rechtfertigen sind, hier in der Bundesrepublik Deutschland klein rechnen, würde die Basis für solche Steuersparmodelle entzogen.
- Die Möglichkeiten, die einen Anreiz zur Steuerhinterziehung schaffen, wie zum Beispiel der Vorsteuerabzug oder die Ausstellung von Steuerbescheinigungen, würden weitestgehend eingeschränkt. In diesem Zusammenhang könnte man dem Bürger glaubhaft vermitteln, dass der Staat die ihm anvertrauten, sauer verdienten Steuergelder zweckentsprechend verwendet und nicht scheinbar achselzuckend betrügerischen Steuerhinterziehern überlässt. Damit würde unser Staat eine ordentliche Portion an verloren gegangener Glaubwürdigkeit zurückgewinnen.
- Mit der Abschaffung des *Halbteilungsgrundsatzes* könnte man dem Bürger das Gefühl vermitteln, dass sich Arbeit lohnt. Dazu würde auch die Ausweitung der steuerlich relevanten Einnahmen, wie zum Beispiel Lotteriegewinne und Immobilienverkäufe beitragen.
- Der in unserem Steuerrecht verankerte Grundsatz der *Besteuerung nach der wirtschaftlichen Leistungsfähigkeit* würde wieder mit Leben erfüllt.

- Mit der Einführung der *Einnahmenbescheinigung für Oboluszwecke (EBOZ)* würde in unserem Besteuerungsverfahren eine bis dahin nicht gekannte Transparenz installiert. Einnahmen, die in Grauzonen wie zum Beispiel über Internetplattformen generiert werden, würden in den fiskalischen Fokus geraten.
- Durch die Abschaffung von Landes- und Gemeindesteuern würden insbesondere die Kommunen kostenmäßig in unvorstellbarem Umfang entlastet. Stellen Sie sich bitte nur einmal vor, welche Kostenersparnis die fast vollständige Abschaffung der Abgabenabteilung einer Kommune mit sich bringen würde.
- Die Betriebsprüfungen würden wesentlich effizienter.
- Die Rechtsbehelfsstellen der Finanzämter und die Senate der Finanzgerichte würden nur noch zu einem Bruchteil des heutigen Umfangs erforderlich.
- Die Abgabenlast für jeden derzeitigen Steuerzahler würde sich verringern.

Ich finde, die zuvor aufgezählten Vorteile, die mit der Einführung des Obolus verbunden wären, sind dermaßen schwergewichtig, dass man sich auf Seiten der Politik einmal ernsthaft mit diesem Thema auseinandersetzen sollte. Wenn ich vor meinem geistigen Auge die Schlagworte unserer Politiker in Wahlkampfzeiten Revue passieren lasse, so geht es im Grunde doch auch immer wieder um die folgenden Themen:

- Gerechtigkeit
- Transparenz
- Steuervereinfachung
- Bürokratieabbau
- „weniger Staat"
- mehr Wohlstand

20 Zusammenfassung

Alle diese Aspekte vereint der Obolus in sich. Deshalb mein Appell an unsere Politiker und in vorderster Front natürlich an den Finanzminister:

> Bitte handeln Sie! Das deutsche Steuersystem ist ein unheilbarer Patient. Bitte erlösen Sie ihn. Wenn Sie wirklich ernsthaft das möchten, was Sie uns in Wahlkampfzeiten vortragen, dann befassen Sie sich bitte einmal konkret mit dem von mir skizzierten Entwurf eines Lösungsvorschlages und stoßen Sie den Bock namens *Steuerreform* endlich an!
>
> Diese Abhandlung soll vorrangig dazu dienen, eindringlich auf die Missstände innerhalb des deutschen Steuerrechts hinzuweisen und Lösungsansätze aufzuzeigen. Ich bin der felsenfesten Überzeugung, dass nur ein unerbittlicher, harter Schnitt zu einem besseren Ergebnis führen kann. Die unzähligen sogenannten Steuerreformen, die wir in der Vergangenheit durchleiden mussten, sprechen für sich. Jede Reform war ein weiterer Schritt in das heute bestehende Steuerchaos. Ein „weiter so" darf es unter keinen Umständen geben. Nach der Definition im *Duden* bedeutet Reform *eine Verbesserung des Bestehenden*. Die vergangenen Reformen erfüllten nicht ansatzweise diese Wortbedeutung.
>
> In den circa 50 Jahren, in denen ich im Steuerrecht unterwegs bin, ist nahezu jeder Finanzminister mit dem Versprechen angetreten, das Steuerrecht vereinfachen zu wollen. Das Ergebnis dieser Zusicherungen habe ich Ihnen in diesem Buch präsentiert.

Wie eingangs dargelegt, kann ich die Einführung eines neuen Steuersystems nicht bis ins letzte Detail hier abbilden. Dazu fehlen mir die Möglichkeiten, schließlich bekleide ich kein entscheidungsrelevantes Amt. Das ist einzig und allein Aufgabe der Politik. Die politisch Verantwortlichen verfügen über die erforderlichen Möglichkeiten und werden auch dafür bezahlt. Wenn man ihren Worten in Wahlkampagnen Glauben schenken darf, finden sie für alles eine Lösung. In den Finanz- Wirtschafts- und Justizministerien des Bundes und der Länder sitzen hoch qualifizierte und gut bezahlte Fachleute, die über ausreichenden Sachverstand und Erfahrung verfügen und denen eine breite Palette von Datenbanken zur Verfügung steht, um eine grundlegende Steuerreform, die ihren Namen auch verdient, planen zu können. Pseudoargumente wie:

- praktisch nicht umsetzbar
- mit EU-Recht unvereinbar

zählen letztlich nicht, denn wo ein ernsthafter Wille ist, wird sich auch ein Weg erarbeiten lassen.

Lassen Sie mich dieses Buch mit einem Spruch des Philosophen, Mathematikers und Physikers Georg Christoph Lichtenberg abschließen:

> Ich kann freilich nicht sagen, ob es besser wird,
> wenn es anders wird.
> Aber so viel kann ich sagen:
> Es muss anders werden, wenn es gut werden soll.
> (Georg Christoph Lichtenberg)

Literatur und sonstige Quellen

Bender R, Cveljo M, Iwersen S, Keuchel J, Votsmeier V (2019) So läuft der größte Steuerbetrug Europas. In: Handelsblatt am 07.05.2019, Handelsblatt Media Group GmbH und Co. KG. https://www.handelsblatt.com/finanzen/banken-versicherungen/banken/umsatzsteuerkarussell-so-laeuft-der-groesste-steuerbetrug-europas/24310298.html. Zugegriffen am 02.02.2022

Bundesgerichtshof (2021) PM, Urteil vom 28. Juli 2021 – 1 StR 519/20. https://www.bundesgerichtshof.de/SharedDocs/Pressemitteilungen/DE/2021/2021146.html. Zugegriffen am 02.02.2022

Bundesministerium der Finanzen (2018) Der bundesstaatliche Finanzausgleich. PDF-Datei: https://www.bundesfinanzministerium.de/Content/DE/Standardartikel/Themen/Oeffentliche_Finanzen/Foederale_Finanzbeziehungen/Laenderfinanzausgleich/Der-Bundestaatliche-FAG.pdf?__blob=publicationFile&v=3. Zugegriffen am 02.02.2022

Bundesministerium der Finanzen (2019) Grundsteuer-Reformgesetz (GrStRefG) vom 26. November 2019. https://www.bundesfinanzministerium.de/Content/DE/Gesetzestexte/

Gesetze_Gesetzesvorhaben/Abteilungen/Abteilung_IV/19_Legislaturperiode/Gesetze_Verordnungen/2019-12-02-Grundsteuer-Reformgesetz-GrStRG/3-Verkuendetes-Gesetz.pdf?__blob=publicationFile&v=5. Zugegriffen am 16.02.2022

Bundesministerium der Finanzen (2021) BMF-Schreiben vom 20. Dezember 2021. https://www.bundesfinanzministerium.de/Content/DE/Standardartikel/Themen/Steuern/Steuerarten/Grundsteuer-und-Grunderwerbsteuer/reform-der-grundsteuer.html. Zugegriffen am 16.02.2022

Bundesverfassungsgericht (2018) Urteil vom 10. April 2018 – 1 BvL 11/14. http://www.bverfg.de/e/ls20180410_1bvl001114.html. Zugegriffen am 16.02.2022

Gesetz zur Beschleunigung des Wirtschaftswachstums (Wachstumsbeschleunigungsgesetz) (2009) Bundesgesetzblatt 2009 Teil I Nr. 81. https://www.bgbl.de/xaver/bgbl/start.xav?startbk=Bundesanzeiger_BGBl&start=//*%5B@attr_id=%27bgbl109s3950.pdf%27%5D#__bgbl__%2F%2F*%5B%40attr_id%3D%27bgbl109s3950.pdf%27%5D__1643832711614. Zugegriffen am 02.02.2022

Jahberg H (2021) Agrarministerin Klöckner drängt auf Entscheidung. In: Taqesspiegel online vom 07.04.2021, Der Tagesspiegel GmbH, Berlin. https://www.tagesspiegel.de/wirtschaft/fleischsteuer-tierwohlsoli-agrarministerin-kloeckner-draengt-auf-entscheidung/27072746.html. Zugegriffen am 02.02.2022

König M (2010) Zu laut geflüstert. In: Süddeutsche Zeitung vom 27.04.2011. https://www.sueddeutsche.de/politik/die-fdp-und-die-lobbyisten-zu-laut-gefluestert-1.1082632. Zugegriffen am 02.02.2022

Montfort B (2021) 100 Jahre „veredelte Umsatzsteuer": die Gebrüder von Siemens und die Erfindung der Mehrwertbesteuerung. In: Umsatzsteuer Rundschau 1/2021, Verlag Dr. Otto Schmidt KG, Köln

Sahm R (2018) Von der Aufruhrsteuer bis zum Zehnten. Springer, Wiesbaden. https://link.springer.com/book/10.1007/978-3-658-19008-8. Zugegriffen am 02.02.2020

Literatur und sonstige Quellen 149

Schäfers M (2018) Kindergeldbetrug kostet Staat dreistellige Millionensumme. In: FAZ.NET am 06.05.2018, Frankfurter Allgemeine Zeitung GmbH, Frankfurt. https://www.faz.net/aktuell/wirtschaft/organisierte-banden-aus-osteuropa-betruegen-staat-um-kindergeld-15577052.html. Zugegriffen am 02.02.2022

Stein A, Funcke A, Menne S (2018) Gegen Armut: Geld für Familien kommt bei Kindern an, BertelsmannStiftung.de am, 21.11.2018. https://www.bertelsmann-stiftung.de/de/themen/aktuelle-meldungen/2018/november/gegen-armut-geld-fuer-familien-kommt-bei-kindern-an. Zugegriffen am 02.02.2022

Tipke, Kruse (2021) AO FGO Kommentar. Verlag Dr. Otto Schmidt KG, Köln. https://www.otto-schmidt.de/abgabenordnung-finanzgerichtsordnung-grundwerk-mit-fortsetzungsbezug-fur-mindestens-2-jahre-und-datenbank-9783504221195. Zugegriffen am 02.02.2022

Verf O (2010) FDP strich Millionenspende von Hotel-Unternehmer ein. In: Handelsblatt vom 16.01.2010. https://www.handelsblatt.com/politik/deutschland/2009-fdp-strich-millionenspende-von-hotel-unternehmer-ein/3347176.html?ticket=ST-5443769-nvvyqK4KEdPQ2cfdlNrG-ap1. Zugegriffen am 02.02.2022

Verf O, dpa (2021) „Cum-Ex"-Schaden möglicherweise dreimal so hoch wie gedacht. In: beck-aktuell am 21.10.2021, CH Beck OHG, München. https://rsw.beck.de/aktuell/daily/meldung/detail/cum-ex%2D%2D-schaden-moeglicherweise-dreimal-so-hoch-wie-gedacht. Zugegriffen am 02.02.2022

Wikipedia (2020) Börsenumsatzsteuer. In: Wikipedia – die freie Enzyklopädie. https://de.wikipedia.org/w/index.php?title=B%C3%B6rsenumsatzsteuer&oldid=200642947. Zugegriffen am 14.02.2022

Wolfgang Schmidt (2021) Monatsbericht des BMF Juli 2021. Bundesministerium der Finanzen, Berlin. https://www.bundesfinanzministerium.de/Content/DE/Downloads/Broschueren_Bestellservice/monatsbericht-juli-2021.html. Zugegriffen am 02.02.2022

 Springer   springer.com

Von der Aufruhrsteuer bis zum Zehnten

Reiner Sahm

Fiskalische Raffinessen aus 5000 Jahren

Jetzt bestellen:
link.springer.com/978-3-658-19007-1

 springer.com

Reiner Sahm
Zum Teufel mit der Steuer!
5000 Jahre Steuern – ein langer Leidensweg der Menschheit

Jetzt bestellen:
link.springer.com/978-3-658-19013-2

GPSR Compliance
The European Union's (EU) General Product Safety Regulation (GPSR) is a set of rules that requires consumer products to be safe and our obligations to ensure this.

If you have any concerns about our products, you can contact us on

ProductSafety@springernature.com

In case Publisher is established outside the EU, the EU authorized representative is:

Springer Nature Customer Service Center GmbH
Europaplatz 3
69115 Heidelberg, Germany

www.ingramcontent.com/pod-product-compliance
Lightning Source LLC
LaVergne TN
LVHW011004250326
834688LV00004B/65